DALF C1

Tests complets avec corrigés

Diplôme Approfondi de Langue Française Niveau C1

Compréhension orale, compréhension écrite, production écrite, production orale

Tome 1 – Édition 2016-2017

Irène Dubois

Michel Saintes

Copyright © 2016 La Fée Prépa

All rights reserved.

ISBN:1540640965
ISBN-13: 978-1540640963

AVANT-PROPOS

Les six tests contenus dans ce manuel peuvent se prêter à des utilisations diverses pour les enseignants de FLE. Si l'on dispose de temps, il est conseillé de faire faire les tests complets comme entraînement à l'examen blanc ; en effet, il est important de s'habituer à la durée des épreuves, qui sont en outre strictement chronométrées ; il faut dans ce cas prévoir 4h d'affilée pour les épreuves communes + 1h30 pour la production orale (1 heure de préparation et 30 minutes de passage et d'entretien avec le professeur). Il est également possible de faire 3 séances pour un test, une de 1h30 pour la compréhension de l'oral et des écrits, une autre de 2h30 pour la production écrite, enfin une dernière de 30 minutes pour le passage à l'oral des étudiants qui auront préalablement préparé leur exposé en 1 heure. Nous vous conseillons de respecter strictement les durées précisées dans les consignes de chaque exercice, en particulier pour la compréhension orale, où les temps impartis pour les réponses sont très brefs.

On peut également scinder les différents exercices pour les utiliser séparément en classe. Les corrigés des synthèses, essais argumentés et productions orales contenus dans le présent manuel sont des exemples de ce qui serait attendu pour une note optimale.

Le lien de téléchargement gratuit des documents audio au format MP3 figure en dernière page du présent manuel.

Bonne préparation et bonne chance aux candidats

Les auteurs

TABLE DES MATIÈRES

Rappel des épreuves	i
Test 1	p.1
Test 2	p.31
Test 3	p.57
Test 4	p.85
Test 5	p.111
Test 6	p.139
Corrigés	p.169
Liste des documents	p.257
Lien documents mp3	p.263

DIPLÔME APPROFONDI DE LANGUE FRANÇAISE - DALF Niveau C1

Nature des épreuves	durée	Note sur
Compréhension de l'oral Réponse à des questionnaires de compréhension portant sur des documents enregistrés : - un document long (entretien, cours, conférence) d'une durée d'environ 8 minutes (2 écoutes) - plusieurs brefs documents radiodiffusés (flashs d'informations, sondages, spots publicitaires...) (1 écoute) *Durée maximale des documents : 10 minutes*	40 min environ	/25
Compréhension des écrits Réponse à un questionnaire de compréhension portant sur un texte d'idées (littéraire ou journalistique), de 1500 à 2000 mots	50 min	/25
Production écrite : Épreuve en deux parties - synthèse à partir de plusieurs documents écrits d'une longueur totale d'environ 1000 mots - essai argumenté à partir du contenu des documents *Deux domaines au choix du candidat : lettres et sciences humaines, sciences*	2h30	/25
Production orale : *Exposé* à partir de plusieurs documents écrits, suivi d'une discussion avec le jury *Deux domaines au choix du candidat : lettres et sciences humaines, sciences*	30 min préparation : 1 heure	/25

Seuil de réussite pour obtenir le diplôme : 50/100

Note minimale requise par épreuve : 5/25

Durée totale des épreuves collectives : 4h

	Note totale :	/100

TEST 1

Partie 1

COMPRÉHENSION DE L'ORAL

25 points

■ **Exercice 1**

Vous allez entendre deux fois un enregistrement sonore de 6 minutes environ.

- *Vous aurez d'abord 3 minutes pour lire les questions.*
- *Puis vous écouterez une première fois l'enregistrement*
- *Vous aurez ensuite 3 minutes pour commencer à répondre aux questions*
- *Vous écouterez une deuxième fois l'enregistrement.*
- *Vous aurez encore 5 minutes pour compléter vos réponses*

Vous pouvez prendre des notes pendant les deux écoutes

1. Qui est Thomas Picketty ?   (Soulignez la bonne réponse)   *0,5 point*

A. Un romancier

B. Un économiste

C. Un historien

2. Comment s'intitule son livre ? *1 point*

_____

3. Citez trois preuves du succès de ce livre *1,5 points*

1._____

2._____

3._____

4. Soulignez la bonne réponse *1 point*

A. Thomas Picketty est surpris du succès de son livre

B. Thomas Picketty dit que son livre est conçu pour le grand public

C. Thomas Picketty est très fier, mais étonné du succès de son livre

5. De quoi parle le livre de Thomas Picketty ? *2 points*

_____

_____

_____

6. Vrai, faux, ou on ne sait pas ? (cochez la case) *2 points*

	VRAI	FAUX	On ne sait pas
Le livre est conçu uniquement pour un public français			
Il se vend dans le monde entier			
De nombreux chercheurs étrangers ont collaboré à sa réalisation			
Le livre est très historique			

7. Selon Thomas Picketty, quelle est la grande question qui intéresse les gens et qui explique le succès de son ouvrage ? *1 point*

_____

8. Pense-t-il que son livre apporte la solution ? Justifiez votre réponse *2 points*

Oui	Non

Justification :
_____
_____
_____

9. A quelle conclusion le livre arrive-t-il, selon le journaliste ?   *2 points*

_____

_____

10. Thomas Picketty est d'accord avec cette conclusion. Vrai ou faux ?   *1 point*

VRAI	FAUX

11. Thomas Picketty pense que les inégalités proviennent uniquement de facteurs économiques   *1 point*

VRAI	FAUX

12. Quelle est la tendance principale dans les pays développés actuels, que le livre met en évidence ?   *2 points*

_____

_____

13. Pourquoi, selon lui, son livre connaît-il un tel succès aux Etats-Unis ?   *2 points*

_____

_____

_____

_____

■ **Exercice 2**

Vous allez entendre <u>une seule fois</u> plusieurs courts extraits radiophoniques.

Pour <u>chacun des extraits</u>,

- Vous aurez entre 20 secondes et 50 secondes pour lire les questions.

- Puis vous écouterez l'enregistrement.

- Vous aurez ensuite entre 30 secondes et 1 minute pour répondre aux questions.

> **Document 1** *(soulignez la bonne réponse, une seule réponse possible)*   1 point

1. Le document fait référence à

A. de récents vols de données sur internet

B. des récentes attaques ordinaires de hackers sur internet

C. de récentes attaques extraordinaires en déni de service sur internet

D. des difficultés éprouvées par de grandes entreprises du Net

2. Le spécialiste Bruce Shneier pense que ceci a pour but   *1 point*

A. de causer des problèmes aux géants d'Internet comme Verisign

B. de chercher plusieurs points d'entrée sur les sites

C. de demander aux site attaqués une rançon

D. de tester les défenses des sites des entreprises

3. Selon lui, le but d'ensemble de ces opération est   1 point

A. l'espionnage ou le renseignement

B. l'intimidation

C. la déstabilisation de la concurrence

D. la recherche

➢ **Document 2 :**

1. Le document traite essentiellement   1 point

A. d'une grande exposition de peinture moderne

B. d'une grande vente de peinture moderne

C. de la peinture de Picasso et de Matisse

D. des collectionneurs et commanditaires de l'art moderne

2. Chtchoukine   1 point

A. était un collectionneur d'art proche de Staline

B. était un industriel russe amateur d'art et collectionneur

C. était un peintre russe qui a inspiré Matisse et Picasso

D. a vendu toute sa collection de peinture à Paris entre 1898 et 1914

3. Selon Anne Baldassari　　　　　　　　　　　　　　　　　　　　　　　　　　　*1 point*

A. cette collection est moins importante que celle des Stein

B. il est dommage que seules environ 120 toiles soient présentées

C. cette collection montre plus de toiles impressionnistes que de toiles contemporaines

D. cette collection est essentielle à la compréhension de l'histoire de l'art moderne

Partie 2

COMPRÉHENSION DES ECRITS

25 points

Le référendum est-il vraiment démocratique ?

D'après *Le Monde Diplomatique*, août 2016

Première partie

Selon le résultat obtenu ou espéré, l'opinion des commentateurs et des dirigeants politiques sur le référendum (1) varie du tout au tout. On l'encense quand la réponse est conforme et on le critique quand elle déplaît. Si ce type de consultation, longtemps rejeté par la gauche, peut apparaître comme le *nec plus ultra* dans une démocratie en crise, sa banalisation n'est pas sans danger.

Hasard du calendrier, à trois jours d'intervalle, par voie de référendum, les Britanniques se sont prononcés sur leur départ de l'Union européenne et, en France, les électeurs de Loire-Atlantique sur la construction de l'aéroport de Notre-Dame-des-Landes. Les deux questions, d'envergures très différentes, montrent la plasticité de ce type de consultation : l'une sur un traité international, l'autre sur un problème local. La spécificité du référendum comme procédure démocratique tient à ce qu'on peut l'appliquer à tout. Déjà, les appels à d'autres consultations de ce type se multiplient : aux Pays-Bas ou en Slovaquie, on envisage de voter sur la sortie de l'Union européenne ; Mme Marine Le Pen (Front national) veut que les Français se prononcent sur le retrait du pays de la zone euro, et M. Nicolas Sarkozy sur un futur traité européen qui tournerait le dos aux accords de Schengen. Mme Le Pen promet également un référendum sur la peine de mort pendant que d'autres, qui lui sont opposés politiquement, en réclament un sur la « loi travail »(2).

Un tel engouement s'explique facilement. Non seulement le référendum paraît le mode d'expression de la volonté populaire le plus direct et le plus simple, mais il répond également à la crise des démocraties représentatives. On réclame son usage contre les élus coupables de trahir leurs électeurs, contre les élites coupées des peuples. Et, quand ces élites n'arrivent pas à régler des problèmes internes, elles tentent elles aussi de l'utiliser comme une sorte d'arbitrage ultime, ce qui d'ailleurs constitue un aveu de faiblesse. Le référendum est une sorte de défi politique : celui qui l'invoque se présente comme défenseur de la vraie démocratie, qui donne une voix directe et sans équivoque au peuple.

La gauche s'y est ralliée. La tradition républicaine, en France au moins, l'avait longtemps rejeté parce qu'elle y voyait une arme antidémocratique. L'usage qu'en fit l'Empereur Napoléon III

(1852-1870) pour faire légitimer son pouvoir issu d'un coup d'état avait conduit les républicains à y voir un dispositif autoritaire, une ruse de la raison qui, en consultant le peuple, ne cherchait qu'à faire approuver un chef.

Aujourd'hui, le référendum rallierait-il tous les suffrages parce qu'il est mieux maîtrisé et que les peuples sont assez matures pour ne pas se laisser séduire par les sirènes de la démagogie ? Ce n'est pas apparemment l'avis d'une bonne partie des « fabricants d'opinion » de *l'establishment* politico-médiatique : Comme celui du 29 mai 2005 sur le traité constitutionnel européen en France (3), le référendum sur le « Brexit » a donné lieu aux critiques habituelles des commentateurs hostiles à ce type de consultation, en particulier quand le résultat est contraire à leurs espérances. Une critique élitiste classique cible l'incompétence présumée des électeurs, leurs mauvaises raisons de voter. Elle va jusqu'au mépris, voire jusqu'au déni. En 2005, le Parlement français a contourné le verdict populaire. Et le vote britannique du 23 juin 2016 a été immédiatement suivi d'insinuations selon lesquelles la sortie du Royaume-Uni n'adviendrait pas.

Deuxième partie

On aurait pu croire que la démocratie faisait l'unanimité ; il n'en est rien. Et, en période de crise, cela n'est pas rassurant. D'autant que le mépris élitiste repose sur une incompréhension de la démocratie. Car nul ne prétend que le suffrage universel va forcément de pair avec la compétence citoyenne et que les bonnes raisons de l'opinion ne coexistent jamais avec des jugements fort peu moraux. Les pourfendeurs du vote populaire réclament chez le peuple une compétence politique qui leur fait défaut à eux-mêmes. Comment peuvent-ils être si sûrs de leur savoir quand ils se trompent autant sur ce qu'est la démocratie ?

Rappelons donc que celle-ci confie une part de souveraineté à tous les citoyens, tout simplement parce que leur vie est affectée par la politique — et parfois leur mort aussi : l'avènement plus ou moins soudain, plus ou moins progressif du suffrage universel est allé de pair avec la conscription (4). Si l'on devait mourir pour la patrie, la moindre des choses était que l'on puisse en choisir le gouvernement. Même en l'absence de guerre, les crises économiques et, simplement, la vie ordinaire le justifient amplement. Les citoyens élisent des personnels politiques dont les décisions vont affecter leur vie. Les gens ne votent pas seulement selon la morale universelle, mais selon leurs intérêts immédiats.

La critique démocratique du référendum doit donc se fonder sur des arguments nouveaux : Ces scrutins, beaucoup plus que les élections ordinaires – où l'opinion est médiatisée et domestiquée par la représentation politique – libèrent des arguments que la morale pourrait réprouver. Il serait difficile d'en soutenir un dont l'enjeu serait la xénophobie, par exemple. On mesure aussi le risque de consultations populaires qui exacerbent les fractures sociales — les pauvres contre les riches, les vieux contre les jeunes, les campagnes contre les villes, la province contre la capitale, les moins instruits contre les plus cultivés — au point de faire douter un État de son unité dans de multiples sens. Et qui, au-delà des revendications autonomistes ou indépendantistes, pourraient mettre en péril le désir de vivre dans le même pays.

Mais si de telles fractures existent, à quoi sert de les cacher, objectera-t-on ? La réponse est : si la lucidité et la franchise étaient totales, y aurait-il encore des nations et mêmes des voisins vivant en paix, voire seulement des amis ? L'essayiste et romancier William Makepeace Thackeray (1811-1863) l'avait dit, l'enfer peut être dans la transparence parfaite : « Quel bonheur que nous ne soyons pas découverts et que nous ayons chacun nos petits déserts. Voudriez-vous que votre femme et vos enfants sachent exactement qui vous êtes et ce que vous valez ? Surtout pas de ça, mon bon monsieur ! Repoussez ce projet monstrueux et soyez reconnaissant qu'ils ne soient pas au courant . » C'est aussi une raison du secret du vote. En questionnant systématiquement sur les sujets qui clivent, le référendum, auparavant accusé de produire du consentement automatique, risquerait de devenir un fauteur de guerre civile.

Troisième partie

Il ne s'agit pas ici, ou pas seulement, du référendum en lui-même comme consultation exceptionnelle, mais des effets de son éventuelle banalisation. Les forces politiques qui le proposent le font quand elles imaginent l'emporter. Comment le savent-elles ? Par les sondages. Mais les mêmes qui réclament que l'on vote sur un sujet qui leur apporte un profit politique l'accepteraient-ils dans un cas où le jugement populaire leur serait contraire ? Autant dire que, si le procédé se généralisait, les luttes politiques seraient encore plus focalisées sur l'« opinion », et le choix de lui donner la parole ou non. Or, peut-on gouverner au gré de l'opinion publique ? Exprime-t-elle réellement l'intérêt collectif ?

Les appels actuels à référendum sur toutes sortes de questions sont un symptôme non seulement des effets sociaux délétères de la mondialisation, mais aussi d'une crise de la pensée : il n'existe pas, en effet, de réflexion vraiment substantielle sur les propriétés du référendum et les conséquences de son usage systématique. Les règles de la démocratie, telle la loi de majorité ou la réponse apportée à une question posée, sont des conventions. Et il faut bien être conscient qu'une majorité est faite de votes différents, parfois antagonistes. Il est par conséquent impossible de donner une interprétation claire et univoque du résultat d'un vote.

Il y a nécessairement des ambiguïtés, des contradictions dans un mode d'expression aussi rudimentaire que le vote. Un « oui » ou un « non » lors d'un référendum, cela paraît clair, mais c'est obscur, aussi, quand il existe plusieurs interprétations possibles d'une question, au point que, bien souvent, on dit de celle-ci qu'elle était mal posée. La définition du corps électoral peut également poser problème, comme dans le cas d'un référendum local. Dans un vote, il n'y a pas qu'une opinion, mais des pensées, des intérêts, des enjeux très différents que les conventions obligent à mêler. Ainsi, dans le cas du « Brexit », la nostalgie pour l'ancien Empire britannique, la peur des immigrés que l'on côtoie ou que l'on voit seulement à la télévision, l'appréhension de l'avenir, les frustrations de la pauvreté, la crainte pour son emploi, la rancœur ou le désespoir de l'avoir déjà perdu. De même, les opinions exprimées ont-elles un poids identique lorsqu'on vote contre un aéroport dont les pistes vont détruire sa ferme ou dont les avions vont survoler sa maison, ou lorsqu'on est « pour » parce que l'on espère profiter de voyages d'affaires ou de tourisme moins chers ? Il faudrait se poser ce genre de question — non pas dans un référendum, mais avant de décider si l'on y a recours.

La démocratie est une belle idée, une idée juste et plus encore une idée nécessaire. Depuis que la légitimation par la volonté divine a été abandonnée, il n'est pas imaginable que les citoyens ne soient pas partie prenante des décisions qui gouvernent leur vie. Tout serait bien si les humains avaient enfin résolu les problèmes de sa mise en œuvre. Mais il semble plutôt que, d'accord sur le principe de la démocratie, ils restent incapables de trouver les solutions permettant que la démocratie fonctionne. C'est une question technique, pourrait-on dire de prime abord, tant les modes d'expression de la volonté populaire restent dérisoirement sommaires. L'élection, le vote, sont des moyens d'expression très imparfaits, et consistent à se dessaisir de sa souveraineté plutôt qu'à l'exercer.

Le régime représentatif étant au fond peu démocratique, on essaie parfois d'arranger les choses et de calmer le mécontentement de citoyens qui ne se sentent pas représentés en proposant le mandat impératif, la possibilité pour l'électeur de révoquer ses élus avant l'échéance de leur terme ou de contester leurs décisions par un référendum. On s'est tourné régulièrement vers l'expression populaire directe, comme la cité antique en offrait, croit-on, une démonstration réelle et ancienne, ou comme les nouvelles technologies de communication en porteraient la promesse. Mais ce genre de démocratie directe n'a aucune prise sur des États contemporains à la fois démesurés et dépossédés de leurs pouvoirs anciens par la mondialisation. Quant aux nouvelles technologies (pétitions en ligne, envoi massif d'emails à un élu) qui permettent prétendument l'expression de la « vox populi », elles sont déjà suspectes. En somme, placer tous ses espoirs dans une seule technique d'expression, le référendum, aux verdicts aussi irrécusables que l'ancienne ordalie (5), reviendrait à laisser à celle-ci tout l'espace en abdiquant la raison.

(1) Le référendum est un procédé de démocratie semi-directe par lequel l'ensemble des citoyens d'un territoire donné est appelé à exprimer une position (« oui » ou « non ») sur une proposition qui leur est soumise, concernant une mesure que les autorités ont prise ou envisagent de prendre.

(2) La « loi travail », qui modifie profondément le droit du travail, a été adoptée en France en juillet 2016 malgré l'opposition des syndicats et de nombreuses manifestations parfois violentes. 60 à 70 % des français s'y disaient opposés dans les sondages.

(3) En 2005, les français, appelés à se prononcer par référendum sur le projet de Constitution Européenne, l'ont rejeté. Néanmoins, la plupart des mesures prévues dans cette Constitution ont été par la suite imposées par le Traité de Lisbonne.

(4) Service militaire obligatoire pour les jeunes hommes (tirés au sort) en cas de guerre, et qui fut étendu plus tard aux temps de paix

(5) L'ordalie était une forme de preuve judiciaire et religieuse qui consistait à soumettre les plaidants d'un procès à une épreuve physique dont l'issue, qu'on pensait déterminée par Dieu, désignait la personne qui était dans son bon droit.

Répondez aux questions en écrivant la bonne réponse ou en écrivant l'information demandée (dans ce cas, formulez votre réponse avec vos propres mots ; ne reprenez pas de phrases entières du document, sauf si cela vous est précisé dans la consigne). Attention : les questions de la rubrique A portent sur l'ensemble du texte, les questions des rubriques B, C et D uniquement sur la partie du texte indiquée.

A. Questions sur l'ensemble du texte

1. L'auteur de cet article (soulignez la bonne réponse) *1,5 point*

A. est plutôt favorable à l'utilisation du référendum

B. est plutôt hostile à l'utilisation du référendum

C. ne se prononce pas vraiment sur l'utilisation du référendum

2. Selon lui, le référendum *1,5 point*

A. est l'expression la plus aboutie de la démocratie

B. est la seule solution lorsque la démocratie est en crise

C. doit faire l'objet d'une nouvelle critique démocratique

B. Première partie du texte

Donner 3 exemples de référendums sur des questions internationales et trois exemples de référendums sur des questions locales mentionnés dans le texte. Précisez les pays. *3 points*

pays	Référendum sur question internationale
pays	Référendum sur question nationale ou locale

4. A quoi servent les référendums, selon ceux qui les réclament ?   *2 points*

5. Pourquoi dans le passé la gauche républicaine fut-elle opposée au référendum ?   *1 point*

6. Quels commentaires hostiles aux votants ont été faits lors des référendums de 2005 et du Brexit ?   *1 point*

C. Deuxième partie du texte

7. Quelle est l'erreur d'interprétation commise par les élites qui critiquent les choix des électeurs populaires ?   *2 points*

8. Qu'est-ce qui justifie la part de souveraineté laissée au peuple par le suffrage universel ? *1 point*

_____

_____

9. Vrai, faux, ou on ne sait pas ? *3 points*

a. Selon l'auteur, le référendum ne comporte aucun risque moral ou éthique

VRAI	FAUX	On ne sait pas

b. Selon l'auteur, le référendum peut accentuer la division du pays

VRAI	FAUX	On ne sait pas

c. Ce sont les indépendantistes et les autonomistes qui réclament des référendums

VRAI	FAUX	On ne sait pas

10. La citation de William Thackeray signifie que (*soulignez la bonne réponse*) *1 point*

A. les êtres humains ne valent pas grand-chose et doivent le cacher

B. les gens ne devraient pas avoir de secrets les uns pour les autres

C. connaître vraiment les gens avec qui nous vivons est impossible

D. la discrétion sur ses opinions est indispensable à la vie en collectivité

∞. Troisième partie du texte

11. Pourquoi l'auteur critique-t-il les formations politiques qui appellent à des référendums ?

1 point

_____
_____
_____

12. Citez la phrase du texte montrant que l'auteur estime que l'on n'a pas encore assez réfléchi sur le référendum comme mode d'expression démocratique

1 point

_____
_____

13. La réponse à la question posée lors d'un référendum est-elle claire ? Justifiez votre réponse avec vos propres mots   *2 points*

OUI	NON

Justification_____
_____
_____

14. Vrai ou faux ?   *1 point*

	VRAI	FAUX
Le seul critère de vote des citoyens est leur opinion		

15. Pourquoi l'auteur pense-t-il qu'il faut réfléchir à la composition du corps électoral si l'on veut avoir des référendums vraiment démocratiques ? Choisissez des exemples dans le texte pour illustrer votre réponse   *2 points*

_____
_____
_____
_____
_____

16. Choisissez l'affirmation qui résume le mieux la conclusion de l'auteur sur le sujet du référendum *(soulignez la bonne réponse)*   *1 point*

A. Il faut développer l'usage du référendum une fois qu'on aura mieux réfléchi à ses formes

B. L'exemple des référendums de l'Antiquité doit être suivi par les démocraties

C. Le référendum est une illusion de démocratie sans pouvoir réel sur les états

D Les crises de la démocratie peuvent être résolues par des moyens techniques

Partie 3

PRODUCTION ECRITE

25 points

■ Exercice 1 : Synthèse de documents   *13 points*

Vous ferez une synthèse des documents proposés, en 220 mots environ (fourchette acceptable : de 200 à 240 mots). Pour cela, vous dégagerez les idées et les informations essentielles qu'ils contiennent, vous les regrouperez et vous les classerez en fonction du thème commun à tous ces documents, et vous les présenterez avec vos propres mots, sous forme d'un nouveau texte suivi et cohérent. Vous pourrez donner un titre à votre synthèse.

Attention :

- vous devez rédiger un texte unique en suivant un ordre qui vous est propre, et en évitant si possible de mettre deux ou trois résumés bout à bout ;

- vous ne devez pas introduire d'autres idées ou informations que celles qui se trouvent dans les documents, ni faire de commentaires personnels ;

- vous pouvez bien sûr réutiliser les « mots-clés » des documents, mais non des phrases ou des passages entiers

- vous indiquerez le nombre de mots utilisés dans votre synthèse sur la ligne prévue à cet effet à la fin.

➢ Document n°1

Qu'est-ce que la Francophonie ?

Le terme francophonie est apparu pour la première fois vers 1880, lorsqu'un géographe français, Onesime Reclus, l'utilise pour désigner l'ensemble des personnes et des pays parlant le français. On parle désormais de francophonie avec un « f » minuscule pour désigner les locuteurs de français et de Francophonie avec un « F » majuscule pour figurer le dispositif institutionnel organisant les relations entre les pays francophones.

274 MILLIONS DE LOCUTEURS

La francophonie, ce sont tout d'abord des femmes et des hommes qui partagent une langue commune, le français. Le dernier rapport en date de l'Observatoire de la langue française, publié en 2014, estime leur nombre à 274 millions de locuteurs répartis sur les cinq continents.

Dès les premières décennies du XXe siècle, des francophones prennent conscience de l'existence d'un espace linguistique partagé, propice aux échanges et à l'enrichissement mutuel. Ils se sont constitués depuis en une multitude d'associations et regroupements dans le but de faire vivre la francophonie au jour le jour. Parmi ces organisations, on peut citer les associations professionnelles, les regroupements d'écrivains, les réseaux de libraires, d'universitaires, de journalistes, d'avocats, d'ONG et, bien sûr, de professeurs de français.

LA FRANCOPHONIE INSTITUTIONNELLE

Depuis 1970 et la création de l'agence de coopération culturelle et technique (ACCT) – devenue aujourd'hui l'Organisation internationale de la Francophonie (OIF) – les francophones peuvent s'appuyer sur un dispositif institutionnel voué à promouvoir la langue française et les relations de coopération entre les 80 États et gouvernements membres ou observateurs de l'OIF.

Ce dispositif est fixé par la Charte de la Francophonie adoptée en 1997 au Sommet de Hanoi (Vietnam) et révisée par la Conférence ministérielle en 2005 à Antananarivo (Madagascar) :

• Le Sommet des chefs d'État et de gouvernement – le Sommet de la Francophonie –, qui se réunit tous les deux ans, est la plus haute des instances politiques décisionnelles.

• La Secrétaire générale de la Francophonie est la clé de voûte de ce dispositif. Michaëlle Jean a été désignée à ce poste par le Sommet de la Francophonie en 2014 à Dakar (Sénégal).

• L'Organisation internationale de la Francophonie met en œuvre la coopération multilatérale francophone au côté de quatre opérateurs :

L'Agence Universitaire de la Francophonie (AUF)

TV5 Monde, la chaîne internationale de télévision

L'Association Internationale des Maires Francophones (AIMF)

L'Université Senghor d'Alexandrie

La Francophonie dispose aussi d'un organe consultatif : l'Assemblée parlementaire de la Francophonie (APF).

D'après : Organisation Internationale de la Francophonie, 2016

➢ **Document n°2**

Mobilisation de la société civile francophone à quelques jours du 26ème sommet à Madagascar

Après trois jours de discussions intenses, la Xe Conférence des OING (1) et des Organisations de la société civile de la Francophonie a clôturé ses travaux par l'adoption d'une Déclaration à l'intention des chefs d'État et de gouvernement qui se réuniront les 26 et 27 novembre 2016 à Madagascar sur le thème « **Croissance partagée et développement responsable : les conditions de la stabilité du monde et de l'espace francophone** ».

Au cours des débats qui se sont tenus à Antananarivo du 2 au 4 novembre, quatre thématiques fortes ont été abordées et discutées : **la prévention de la radicalisation violente, les défis de la crise migratoire, le rôle de l'économie solidaire et responsable, et l'importance de l'émergence des mouvements citoyens et sociaux**. Au total près de 200 représentantes et représentants de la société civile francophone, dont une soixantaine malgache, ont fait entendre leur voix.

La jeunesse francophone, à travers notamment l'initiative Libres Ensemble, a également été très présente au cours des débats. Lors de son intervention Béatrice Attalah, Ministre des Affaires étrangères de la République de Madagascar a insisté sur le rôle essentiel de la jeunesse dans l'espace francophone : « la jeunesse peut désormais compter sur le soutien et surtout l'engagement des différentes organisations non gouvernementales et aussi celles issues de la société civile pour que son avenir soit fait de choix, le choix d'avoir un avenir brillant, le choix d'avoir un avenir décent et au service de la société, celui d'incarner l'avenir même ».

S'exprimant à son tour, Roger Ferrari, Président de la Conférence des OING, a réaffirmé l'engagement de la société civile francophone avec l'Organisation internationale de la Francophonie (OIF) : « la société civile francophone est forte de son expérience, des analyses qu'elle produit sur la situation des pays. Sachons construire ce nouveau partenariat qui naitra de la réflexion sur les relations entre l'OIF et la société civile pour être encore plus efficace dans la Francophonie ».

Adama Ouane, Administrateur de l'OIF, a salué dans son discours cet engagement renouvelé et le dynamisme de la société civile. « Nous savons que l'esprit et l'élan de cette Conférence inclusive se retrouveront dans la nouvelle gouvernance de la société civile francophone » a-t-il déclaré, avant d'ajouter : « nous souhaitons un accompagnement plus présent, une réactivité plus grande et des mécanismes de participation plus constants et efficaces dans ce partenariat à renforcer dans les mois qui viennent ».

Les participants se sont ensuite donné rendez-vous au Village de la Francophonie qui sera du 21 au 27 novembre le lieu privilégié de rencontres et d'échanges, entre la population malgache et les acteurs venus de tout l'espace francophone, à Andohatapenaka, l'un des quartiers de la capitale Antananarivo.

(1) OING : organisations internationales non gouvernementales

Site de l'Organisation Internationale de la Francophonie – Novembre 2016

➢ **Document n°3**

Et si la Francophonie s'intéressait au sous-continent indien ?

La Francophonie est composée d'une multitude de pays (l'Organisation Internationale de la Francophonie regroupe près de 80 États et gouvernements membres de plein droit, associés ou observateurs) répartis sur quasiment tous les continents. Le sous-continent indien pour des raisons essentiellement historiques n'y est pas représenté. Il est plutôt tourné vers le Commonwealth.

Il est indéniable que le fait de partager une langue et une histoire communes favorise l'existence d'un espace de vie partagé. Mais la Francophonie doit aller au-delà de sa vision traditionnelle et avoir l'ambition d'être porteuse d'un message universaliste de paix et de fraternité entre les peuples.

Pondichéry, un haut lieu de la Francophonie délaissé

Durant près de 300 ans, Pondichéry a été l'objet d'une présence quasi continue de la France. Ce petit comptoir créé au XVIIe siècle sur la côte de Coromandel fut un point d'ancrage et de projection pour la France en Asie notamment en Indochine. Ses ressortissants servirent la France aussi bien à Pondichéry que dans l'ensemble des colonies et des territoires français durant de nombreuses décennies comme soldats, enseignants, fonctionnaires ou médecins...

Aujourd'hui encore, les personnes originaires de l'ex-comptoir (locaux ou membres de la diaspora) expriment une double identité à la fois française et indienne. Mais ils sont surtout de formidables "ambassadeurs de la Francophonie". Cette population atypique peut constituer un terreau fertile pour l'expansion de l'"idée francophone". Des institutions comme l'Alliance Française ou l'Institut Français de Pondichéry continuent de véhiculer sur place de nos jours des valeurs humanistes et d'ouverture sur le monde, valeurs qui caractérisent l'"esprit Francophone".

Une fenêtre d'opportunité pour créer des liens entre le sous-continent indien et le monde francophone

Le Premier ministre Indien Narendra Modi semble être disposé à tisser des liens étroits avec la

France et de nombreux pays africains hors de la sphère d'influence traditionnelle de son pays notamment avec les pays francophones.

Cette approche s'inscrit dans un contexte mondial instable où la recherche de partenaires (et d'alliés) partageant les mêmes valeurs est primordiale.

L'actuelle secrétaire générale de l'OIF, Michaelle Jean, qui fût jadis Gouverneure Générale du Canada serait bien inspirée de proposer à l'Inde (par l'intermédiaire du territoire de Pondichéry et de son Lieutenant-Gouverneur) un siège de membre invité au sein de l'organisation.

Une telle approche serait l'occasion de renouer avec des populations qui aiment et vivent la Francophonie depuis plusieurs générations, mais surtout de continuer à inscrire l'OIF comme un acteur de la promotion de la Paix et de la Coopération entre les Peuples. À l'image de Jawaharlal Nehru qui voyait en Pondichéry un pont entre la France et l'Inde il serait temps de créer un pont solide entre mondes francophone et indien. Il y va des intérêts de la Francophonie au niveau culturel, mais aussi diplomatique et économique.

GILLES DJEYARAMANE Les Echos, 4/11/2016

Nombre de mots _____

Exercice 2 : Essai argumenté   *12 points*

Au nom des jeunes francophones de votre pays (ou d'un autre), vous écrivez à la Secrétaire Générale de l'OIF Michaëlla Jean afin de l'encourager à proposer des initiatives pour développer la francophonie lors du Sommet de Madagascar où se rendront de nombreux chefs d'états francophones (250 mots environ)

Nombre de mots _____

ÉPREUVE DE PRODUCTION ORALE

25 points

Préparation : 60 minutes

Passation : 30 minutes environ

■ **Consignes pour les candidats**

Cette épreuve se déroulera en deux temps :

1. Exposé

À partir des documents proposés, vous préparerez un exposé sur le thème indiqué, et vous le présenterez au jury.

Votre exposé présentera une réflexion ordonnée sur ce sujet. Il comportera une introduction et une conclusion et mettra en évidence quelques points importants (3 ou 4 au maximum)

Attention :

Les documents sont une source *documentaire* pour votre exposé.

Vous devez pouvoir en exploiter le contenu en y puisant des pistes de réflexion, des informations et des exemples, mais vous devez également introduire des commentaires, des idées et des exemples qui vous soient propres afin de construire une véritable *réflexion personnelle*.

En aucun cas vous ne devez vous limiter à un simple compte-rendu des documents.

2. Entretien

Le jury vous posera ensuite quelques questions et s'entretiendra avec vous à propos du contenu de votre exposé.

Thème de l'exposé : la préoccupation croissante du Bien-Etre Animal (BEA) en France

> **Document n°1**

Bien-être animal : contexte juridique et sociétal

L'Organisation mondiale de la santé animale (OIE) donne une définition du bien-être animal qui fait aujourd'hui référence dans le domaine. Cette définition renvoie aux grands principes énoncés par le Farm Animal Welfare Council (FAWC), organisation britannique, connus sous le nom des 5 libertés fondamentales :

1. Ne pas souffrir de faim et de soif – grâce au libre accès à de l'eau fraîche et à un régime alimentaire apte à entretenir pleine santé et vigueur.
2. Ne pas souffrir de contrainte physique – grâce à un environnement approprié, comportant des abris et des zones de repos confortables.
3. Être indemne de douleurs, de blessures et de maladies – grâce à la prévention ou au diagnostic et au traitement rapide.
4. Avoir la liberté d'exprimer des comportements normaux – grâce à un espace et à des équipements adéquats, et au contact avec des animaux de la même espèce.
5. Être protégé de la peur et de la détresse – Grâce à des conditions d'élevage et à un traitement évitant la souffrance mentale.

A travers le temps, la réglementation a profondément évolué avec la prise de conscience croissante de l'homme de devoir éviter toute souffrance " inutile " et rechercher des conditions de vie optimale pour les animaux. Un important dispositif juridique est en place, tant au plan national que communautaire ou international.

Historique et contexte
Les sources du droit pour la protection des animaux se déclinent au niveau international, communautaire et national :

En France, c'est la loi de 1976 qui a véritablement édifié la politique de protection animale, en énonçant trois principes fondamentaux :

- L'animal est un être sensible, qui doit être placé dans des conditions compatibles avec ses impératifs biologiques,
- Il est interdit d'exercer des mauvais traitements envers les animaux,

- Il est interdit d'utiliser des animaux de façon abusive.

En 1999, grâce à une nouvelle loi de protection animale, le code civil français a été modifié, afin que les animaux, tout en demeurant des biens, ne soient plus assimilés à des choses.

Une évolution sociétale en cours

Des attentes sociétales nouvelles apparaissent en matière de BEA (Bien-Etre Animal) :
- Une évolution des consommations alimentaires (végétarisme, véganisme, attrait du consommateurs pour les filières plein air ou bio...)
- Un débat nourri sur le statut de l'animal qui se traduit tant par des colloques ou publications que par des propositions de lois qui ont abouti à la modification du code civil en 2015 ;
- Une médiatisation forte des questions de BEA des animaux d'élevage et des conditions d'abattage
- Une contestation renforcée de la production agricole française par certaines associations de protection animale

Plusieurs travaux de recherche sont en cours de développement pour évaluer plus précisément le bien être des animaux d'élevage, notamment au sein de l'Union Européenne. L'enjeu est de développer des indicateurs de bien-être mesurables (ou au contraire de mal-être) afin d'évaluer le niveau de bien être des animaux. Ces recherches scientifiques ont vocation à faire évoluer les textes européens et nationaux visant à protéger les animaux, en les recentrant sur des obligations de résultats plutôt que de moyens.

Alim'agri (Site du Ministère de l'Agriculture, de l'Agroalimentaire et de la Forêt) 14/08/2015

➢ **Document 2**

Bien-être animal

Les animaux sont des êtres sensibles

Les animaux sont intelligents et capables de ressentir des émotions telles que la peur et la douleur ainsi que le plaisir et le bonheur.

Les porcs par exemple :

Sont capables de ruser et de comprendre les connaissances détenues par d'autres lors de la recherche de nourriture.

Sont capables d'identifier leur propre environnement à un jour d'âge.

Jouent, explorent et acquièrent une attitude plus optimiste en présence de défis environnementaux.

Sont capables de distinguer des personnes portant les mêmes vêtements.

Sont capables de comprendre et d'utiliser des miroirs pour trouver de la nourriture.

Les bovins quant à eux :

Ont des compagnons préférés et sont capables de se rappeler jusque 50 à 70 individus.

Les veaux sont capables de reconnaître à leur visage les personnes qui s'occupent d'eux.

Manifestent de l'excitation lorsqu'ils résolvent un problème.

Semblent conscients des émotions des autres, par exemple en mangeant moins si leur compagnon est stressé.

Jouent avec leur mère dès l'âge de quelques jours seulement.

Les poules :

Peuvent contrôler leurs émotions et sont capables de manifester une frustration émotionnelle.

Lorsqu'elles souffrent, choisissent de consommer une nourriture moins attrayante contenant des analgésiques.

Utilisent le soleil pour se repérer dans des environnements complexes.

Sont capables de négocier des labyrinthes pour obtenir l'accès à des bains de poussière ou à un nid.

Se servent de leur mémoire pour trouver de la nourriture à l'âge de deux semaines.

Communiquent au moyen de signaux sonores représentatifs évoquant le « langage ».

site du CIWF France (CIWF = Compassion In World Farming, organisation internationale dédiée au bien-être des animaux de ferme)

> **Document 3**

Aldi ne vendra plus d'œufs de batterie

Après Sodexo la semaine dernière, Aldi annonce que ses magasins cesseront de vendre des œufs de poules élevées en cage.

La décision d'Aldi Nord, officialisée dans sa « Politique internationale en matière de bien-être animal », fait suite aux échanges de l'enseigne avec l'Open Wing Alliance, coalition mondiale d'associations de défense des animaux dont L214 est le représentant en France, qui affiche l'objectif d'éliminer l'élevage en batterie des poules.

Aldi se donne 9 ans pour achever sa transition vers un approvisionnement entièrement exempt d'œufs de batterie dans ses 5000 magasins présents dans 9 pays européens, dont la France (900 magasins). Les œufs de batterie ont déjà été supprimés des rayons d'Aldi en Belgique, aux Pays-Bas et en Allemagne.

Il s'agit de la première enseigne à adopter une politique d'achat internationale excluant les œufs de batterie.

L214 salue l'engagement d'Aldi. Pour Brigitte Gothière, porte-parole de L214 : « Aldi a su se montrer à l'écoute d'une société qui réprouve la cruauté de l'élevage en batterie. Le hard-discount prouve aux autres supermarchés que rien ne légitime la maltraitance des poules en cage. »

En France, Aldi rejoint l'enseigne Monoprix et les supermarchés Atac dans leur engagement à ne vendre que des œufs issus d'élevages « hors cage ».

Selon un sondage OpinionWay, 84% des Français approuvent que les supermarchés cessent de vendre des œufs de poules élevées en cage.

En France, des vidéos accablantes

L214, qui révèle régulièrement des vidéos montrant les conditions d'élevage des poules en batterie, sollicite l'engagement des enseignes de la grande distribution. Sur Internet, plus de 100 000 signataires se sont joints à la pétition de L214 adressée à une chaîne de grande distribution.

En mai, l'association avait rendu publiques les images choquantes d'un élevage industriel de 200 000 poules élevées en cages, produisant des œufs distribués par plusieurs grandes chaînes de supermarchés français.

Suite au scandale public, l'élevage a cessé son activité.

L'élevage en cage : un déclin programmé

En France, la part des poules élevées en cage est passée de 96% en 1990, à 68% en 2014, au bénéfice de l'élevage en plein air. La proportion de poules en cage reste en France 10% supérieure à la moyenne européenne. Le volume d'œufs de poules en cages acheté par les ménages en supermarchés a lui aussi chuté, passant de 64% en 2012 à 52% des achats en 2014 (source: Itavi).

Trente-deux millions de poules sont détenues en batterie en France. Ces conditions d'élevage impliquent de maintenir les poules enfermées dans des cages où la surface allouée à chaque oiseau ne dépasse pas celle d'une feuille de papier A4. De nombreuses études scientifiques ont mis en évidence les sévères privations comportementales et la souffrance des poules associées à ce mode d'élevage.

Site de l'association L214, août 2016

TEST 2

Partie 1

COMPRÉHENSION DE L'ORAL

25 points

■ Exercice 1

Vous allez entendre deux fois un enregistrement sonore de 6 minutes environ.

- *Vous aurez d'abord 3 minutes pour lire les questions.*
- *Puis vous écouterez une première fois l'enregistrement*
- *Vous aurez ensuite 3 minutes pour commencer à répondre aux questions*
- *Vous écouterez une deuxième fois l'enregistrement.*
- *Vous aurez encore 5 minutes pour compléter vos réponses*

Vous pouvez prendre des notes pendant les deux écoutes

1. Comment la journaliste décrit-elle Nicolas Hulot ? (2 éléments)   *1 point*

_____

_____

2. Est-il d'accord avec cette définition ? Justifiez votre réponse   *2 points*

A. Oui

B. Non

_____

_____

_____

3. Soulignez la bonne réponse   *1 point*

A. Nicolas Hulot est l'envoyé spécial du Président français pour la protection de la planète depuis janvier

B. Nicolas Hulot a été l'envoyé spécial du Président français pour la protection de la planète jusqu'en janvier

C. Nicolas Hulot sera l'envoyé spécial du Président français pour la protection de la planète pendant 3 ans

4. Citez deux des sujets de sa mission   *1 point*

_____

_____

5. Comment Nicolas Hulot définit-il les COP ? (*soulignez la bonne réponse*)   *0,5 point*

A. Ce sont des conventions passées avec les Nations Unies

B. Ce sont des diagnostics sur l'état de la planète

C. Ce sont des conférences pour lutter contre le changement climatique

D. Ce sont des objectifs environnementaux fixés il y a 22 ans

6. Sur quel constat l'ensemble des états se sont-ils accordés avant de définir des objectifs ?

2,5 points

_____

_____

_____

Vrai ou faux ? *1,5 points*

	VRAI	FAUX
Seuls le Maroc, l'Allemagne, l'Inde et la France ont pris leurs responsabilités		
La COP 22 abordera des points plus concrets que la COP21 de Paris		
La COP 22 demandera aux participants de dire quelles sont leurs solutions		

8. Selon Nicolas Hulot (soulignez la proposition correcte) *0,5 point*

A. Les pays participants manquent de sincérité dans leurs engagements environnementaux

B. Les pays participants ne veulent pas dire comment ils réaliseront leurs objectifs

C. Les pays participants ont tous des objectifs incompatibles avec ceux des autres

D. Les pays participants ont tous des politiques incompatibles avec leurs objectifs

9. Citez les 3 modèles qui devront être révisés en profondeur pour lutter contre les changements climatiques
3 points

_____

_____

_____

10. Vrai, faux, ou on ne sait pas ?   *3 points*

	VRAI	FAUX	On ne sait pas
L'objectif des COP est que nous soyons neutres en carbone d'ici 2050			
L'accord de libre-échange entre le Canada et l'Europe est compatible avec les objectifs de la COP21			
L'exploitation des trois quarts des énergies fossiles restantes est incompatible avec les objectifs de la COP21			
Les promesses des pays ne seront jamais tenues			
Pour remplir les objectifs, il faut protéger toutes les espèces animales			
Il est inutile de dénoncer ce qui n'est pas compatible avec les objectifs sur lesquels les pays se sont engagés			

11. Que veut dire Nicolas Hulot aux jeunes ? Répondez avec vos propres mots.   *3 points*

_____

_____

_____

_____

■ **Exercice 2**

Vous allez entendre <u>une seule fois</u> plusieurs courts extraits radiophoniques.

Pour <u>chacun des extraits</u>,

Vous aurez entre 20 secondes et 50 secondes pour lire les questions.

Puis vous écouterez l'enregistrement.

Vous aurez ensuite entre 30 secondes et 1 minute pour répondre aux questions.

➤ **Document 1** *(soulignez la bonne réponse)*

1. Le sujet du document est   *1 point*

A. les élèves de l'Ecole Polytechnique

B. la cause des inégalités salariales entre hommes et femmes

C. La division du travail entre hommes et femmes

D. la stagnation des salaires des diplômés de polytechnique

📄 L'intervenante pense que   *2 points*

A. le salaire des polytechniciennes doit augmenter après deux ou trois ans de travail

B. il n'y a qu'un seul facteur qui explique les différences salariales hommes/femmes

C. la répartition des tâches familiales entre hommes et femmes n'a pas changé en 30 ans

D. les hommes doivent assurer 80 % du revenu familial

> **Document 2** *(soulignez la bonne réponse)*

1. Le sujet du document est   *1 point*

A. la difficulté de calculer l'extrême pauvreté réelle dans le monde

B. l'augmentation de l'extrême pauvreté dans le monde depuis 2000

C. Les objectifs du millénaire pour le développement fixés par l'ONU

D. Le développement dans 140 pays pauvres

📄 Marie Viennot   *2 points*

A. pense que les chiffres fournis par la Banque Mondiale sont fiables

B. pense que passer de 1 milliard 800 millions de très pauvres à 836 millions est insuffisant

C. pense que les statistiques fournies par la Banque Mondiale ne sont pas exactes

D. pense que la définition de l'extrême pauvreté donnée par l'ONU n'est pas juste

Partie 2

COMPRÉHENSION DES ECRITS

25 points

Extrait de *Race et histoire,* Claude Lévi-Strauss, 1952 (édité)

Première partie

Parler de contribution des races humaines à la civilisation mondiale pourrait avoir de quoi surprendre dans une collection de brochures destinées à lutter contre le préjugé raciste. Il serait vain d'avoir consacré tant de talent et tant d'efforts à montrer que rien, dans l'état actuel de la science, ne permet d'affirmer la supériorité ou l'infériorité intellectuelle d'une race par rapport à une autre, si c'était seulement pour restituer subrepticement sa consistance à la notion de race, en paraissant démontrer que les grands groupes ethniques qui composent l'humanité ont apporté, *en tant que tels*, des contributions spécifiques au patrimoine commun.

Mais rien n'est plus éloigné de notre dessein qu'une telle entreprise qui aboutirait seulement à formuler la doctrine raciste à l'envers. Quand on cherche à caractériser les races biologiques par des propriétés psychologiques particulières, on s'écarte autant de la vérité scientifique en les définissant de façon positive que négative. Il ne faut pas oublier que Gobineau, dont l'histoire a fait le père des théories racistes, ne concevait pourtant pas l' « inégalité des races humaines » de manière quantitative, mais qualitative : pour lui, les grandes races primitives qui formaient l'humanité à ses débuts – blanche, jaune, noire – n'étaient pas tellement inégales en valeur absolue que diverses dans leurs aptitudes particulières. La tare de la dégénérescence s'attachait pour lui au phénomène du métissage plutôt qu'à la position de chaque race dans une échelle de valeurs commune à toutes ; elle était donc destinée à frapper l'humanité toute entière, condamnée, sans distinction de race, à un métissage de plus en plus poussé. Mais le péché originel de l'anthopologie consiste dans la confusion entre la notion purement biologique de race (à supposer, d'ailleurs, que, même sur ce terrain limité, cette notion puisse prétendre à l'objectivité, ce que la génétique moderne conteste) et les productions sociologiques et psychologiques des cultures humaines. Il a suffi à Gobineau de l'avoir commis pour se trouver enfermé dans le cercle infernal qui conduit d'une erreur intellectuelle n'excluant pas la bonne foi à la légitimation involontaire de toutes les tentatives de discrimination et d'exploitation.

Aussi, quand nous parlons, en cette étude, de contribution des races humaines à la civilisation, ne voulons-nous pas dire que les apports culturels de l'Asie ou de l'Europe, de l'Afrique ou de l'Amérique tirent une quelconque originalité du fait que ces continents sont, en gros, peuplés par des habitants de souches raciales différentes. Si cette originalité existe – et la chose n'est pas douteuse – elle tient à des circonstances géographiques, historiques et sociologiques, non à des aptitudes distinctes liées à la constitution anatomique ou physiologique des noirs, des jaunes ou des blancs. Mais il nous est apparu que, dans la mesure même où cette série de brochures s'est efforcée de faire droit à ce point de vue négatif, elle risquait, en même temps, de reléguer au second plan un aspect également très important de la vie de l'humanité : à savoir que celle-ci ne se développe pas sous le régime d'une uniforme monotonie, mais à travers des modes extraordinairement diversifiés de sociétés et de civilisations ; cette diversité intellectuelle, esthétique, sociologique, n'est unie par aucune relation de cause à effet à celle qui existe, sur le plan biologique, entre certains aspects observables des groupements humains : elle lui est seulement parallèle sur un autre terrain. Mais, en même temps, elle s'en distingue par deux caractères importants. D'abord elle se situe dans un autre ordre de grandeur. Il y a beaucoup plus de cultures humaines que de races humaines, puisque les unes se comptent par milliers et les autres par unités : deux cultures élaborées par des hommes appartenant à la même race peuvent différer autant, ou davantage, que deux cultures relevant de groupes racialement éloignés. En second lieu, à l'inverse de la diversité entre les races, qui présente pour principal intérêt celui de leur origine historique et de leur distribution dans l'espace, la diversité entre les cultures pose de nombreux problèmes, car on peut se demander si elle constitue pour l'humanité un avantage ou un inconvénient, question d'ensemble qui se subdivise, bien entendu, en beaucoup d'autres.

Deuxième partie

Enfin et surtout on doit se demander en quoi consiste cette diversité, au risque de voir les préjugés racistes, à peine déracinés de leur base biologique, se reformer sur un nouveau terrain. Car il serait vain d'avoir obtenu de l'homme de la rue qu'il renonce à attribuer une signification intellectuelle ou morale au fait d'avoir la peau noire ou blanche, le cheveu lisse ou crépu, pour rester silencieux devant une autre question à laquelle l'expérience prouve qu'il se raccroche immédiatement : s'il n'existe pas d'aptitudes raciales innées, comment expliquer que la civilisation développée par l'homme blanc ait fait les immenses progrès que l'on sait, tandis que celles des peuples de couleur sont restées en arrière, les unes à mi-chemin, les autres frappées d'un retard qui se chiffre par milliers ou dizaines de milliers d'année ? On ne saurait donc prétendre avoir résolu par la négative le problème de l'inégalité des *races* humaines, si l'on ne se penche pas aussi sur celui de l'inégalité – ou de la diversité – des *cultures* humaines qui, en fait sinon en droit, lui est, dans l'esprit public, étroitement lié.

Pour comprendre comment, et dans quelle mesure, les cultures humaines diffèrent entre elles, si ces différences s'annulent ou se contredisent, ou si elles concourent à former un ensemble harmonieux, il faut d'abord essayer d'en dresser l'inventaire. Mais c'est ici que les difficultés commencent, car nous devons nous rendre compte que les cultures humaines ne diffèrent pas entre elles de la même façon, ni sur le même plan. Nous sommes d'abord en présence de sociétés juxtaposées dans l'espace, les unes proches, les autres lointaines, mais, à tout prendre, contemporaines. Ensuite nous devons compter avec des formes de la vie sociale qui se sont succédé dans le temps et que nous sommes empêchés de connaître par expérience directe. Tout homme peut se transformer en ethnographe et aller partager sur place l'existence d'une société qui l'intéresse ; par contre, même s'il devient historien ou archéologue, il n'entrera jamais directement en contact avec une civilisation disparue, mais seulement à travers les documents écrits ou les monuments figurés que cette société – ou d'autres – auront laissés à son sujet. Enfin, il ne faut pas oublier que les sociétés contemporaines restées ignorantes de l'écriture, comme celles que nous appelons « sauvages » ou « primitives », furent, elles aussi, précédées par d'autres formes, dont la connaissance est pratiquement impossible, fût-ce de manière indirecte ; un inventaire consciencieux se doit de leur réserver des cases blanches sans doute en nombre infiniment plus élevé que celui des cases où nous nous sentons capables d'inscrire quelque chose. Une première constatation s'impose : la diversité des cultures humaines est, en fait, dans le présent, en fait et en droit dans le passé, beaucoup plus grande et plus riche que tout ce que nous sommes destinés à en connaître jamais.

Mais, même pénétrés d'un sentiment d'humilités et convaincus de cette limitation, nous rencontrons d'autres problèmes. Que faut-il entendre par cultures différentes ? Certaines semblent l'être, mais si elles émergent d'un tronc commun elles ne diffèrent pas au même titre que deux sociétés qui à aucun moment de leur développement n'ont entretenu de rapports. Ainsi l'ancien empire des Incas du Pérou et celui du Dahomey en Afrique diffèrent entre eux de faon plus absolue que, disons, l'Angleterre et les Etats-Unis d'aujourd'hui, bien que les deux sociétés doivent être traitées comme des sociétés distinctes. Inversement, des sociétés entrées récemment en contact très intimes paraissent offrir l'image de la même civilisation alors qu'elles y ont accédé par des chemins différents, que l'on n'a pas le droit de négliger.

Troisième partie

Il y a simultanément à l'oeuvre, dans les sociétés humaines, des forces travaillant dans des directions opposées : les unes tendant au maintien et même à l'accentuation des particularismes ; les autres agissant dans le sens de la convergence et de l'affinité. L'étude du langage offre des exemples frappants de tels phénomènes : ainsi, en même temps que des langues de même origine ont tendance à se différencier les unes par rapport aux autres (tels : le russe, le français, et l'anglais), des langues d'origines variées, mais parlées dans des territoires contigus, développent des caractères communs : par exemple, le russe s'est, à certains égards, différencié d'autres langues slaves pour se rapprocher, au moins par certains traits phonétiques, des langues finno-ougriennes et turques parlées dans son voisinage géographique immédiat.

Quand on étudie de tels faits – et d'autres domaines de la civilisation, comme les institutions sociales, l'art, la religion, en fourniraient aisément de semblables – on en vient à se demander si les sociétés humaines ne se définissent pas, en égard à leurs relations mutuelles, par un certain *optimum* de diversité au-delà duquel elles ne sauraient aller, mais en dessous duquel elle ne peuvent, non plus, descendre sans danger. Cet optimum varierait en fonction du nombre des sociétés, de leur importance numérique, de leur éloignement géographique et des moyens de communication (matériels et intellectuels) dont elles disposent. En effet, le problème de la diversité ne se pose pas seulement à propos des cultures envisagées dans leurs rapports réciproques ; il existe aussi au sein de chaque société, dans tous les groupes qui la constituent : castes, classes, milieux professionnels ou confessionnels, etc., développent certaines différences auxquels chacun d'eux attache une extrême importance. On peut se demander si cette diversification interne ne tend pas à s'accroître lorsque la société devient, sous d'autres rapports, plus volumineuse et plus homogène ; tel fut, peut-être, le cas de l'Inde ancienne, avec son système de castes s'épanouissant à la suite de l'établissment de l'hégémonie aryenne.

On voit donc que la notion de diversité des cultures humaines ne doit pas être conçue d'une manière statique. Cette diversité n'est pas celle d'un échantillonnage inerte ou d'un catalogue desséché. Sans doute les hommes ont-ils élaboré des cultures différentes en raison de l'éloignement géographique, des propriétés particulières du milieu et de l'ignorance où ils étaient du reste de l'humanité ; mais cela ne serait rigoureusement vrai que si chaque culture ou chaque société était liée et s'était développée dans l'isolement de toutes les autres. Or cela n'est jamais le cas, sauf peut-être dans des exemples exceptionnels comme celui des Tasmaniens et là encore, pour une période limitée). Les sociétés humaines ne sont jamais seules ; quand elles semblent le plus séparées, c'est encore sous forme de groupes ou de paquets. Ainsi, il n'est pas exagéré de supposer que les cultures nord-américaines et sud-américaines ont été coupées de presque tout contact avec le reste du monde pendant une période dont la durée se situe entre dix mille et vingt-cinq mille années. Mais ce gros fragment d'humanité détachée consistait en une multitude de sociétés, grandes et petites, qui avaient entre elles des contacts fort étroits. Et à côté des différences dues à l'isolement, il y a celles, tout aussi importantes, dues à la proximité : désir de s'opposer, de se distinguer, d'être soi. Beaucoup de coutumes sont nées, non de quelque nécessité interne ou accident favorable, mais de la volonté de ne pas demeurer en reste par rapport à un groupe voisin qui soumettait à un usage précis un domaine où l'on n'avait pas songé soi-même à édicter des règles. Par conséquent, la diversité des cultures humaines ne doit pas nous inviter à une observation morcelante ou morcelée. Elle est moins fonction de l'isolement des groupes que des relations qui les unissent.

Répondez aux questions en écrivant la bonne réponse ou en écrivant l'information demandée (dans ce cas, formulez votre réponse avec vos propres mots ; ne reprenez pas de phrases entières du document, sauf si cela vous est précisé dans la consigne). Attention : les questions de la rubrique A portent sur l'ensemble du texte, les questions des rubriques B, C et D uniquement sur la partie du texte indiquée.

A. Questions sur l'ensemble du texte

1. Pour combattre le racisme, cet essai tente (*Soulignez la bonne réponse*)   2 points

A. d'établir que les différentes races humaines ont apporté chacune quelque chose à la civilisation humaine globale

B. de montrer que l'étude de la diversité des cultures est plus pertinente que celle des races en elles-mêmes

C. de prouver que l'apport des cultures à la civilisation humaine est plus important que l'apport des races

D. de prouver que le racisme n'a aucune base scientifique

2. Vrai ou faux ?   1 point

	VRAI	FAUX	On ne sait pas
Les cultures humaines doivent être étudiées une par une			
Il faut étudier les rapports des cultures humaines entre elles avant tout			

B. Questions sur la première partie du texte

3. Citer une phrase de la première partie du texte qui montre que Lévi-Strauss ne croit pas en la théorie des « caractéristiques psychologiques de race » *2 points*

_____

_____

4. Vrai, faux, ou on ne sait pas ? *3 points*

	VRAI	FAUX	On ne sait pas
Gobineau voulait prouver que les races sont de valeur inégale			
Gobineau pensait que le problème, c'est le mélange des races			
La théorie de Gobineau a justifié le racisme institutionnel			

5. Selon Claude Lévi-Strauss, y a-t-il une relation entre la race biologique et la culture ?
1 point

OUI	NON

6. En quoi la diversité sociale, intellectuelle, culturelle des groupes humains se différencie-t-elle de leur diversité raciale ? (2 éléments) *2 points*

1._____

_____

2.

_____

_____

C. Questions sur la deuxième partie du texte

Expliquez pourquoi Claude Lévi-Strauss estime important d'étudier de près la diversité des cultures pour lutter contre le racisme de « l'homme de la rue » *3 points*

_____

_____

_____

8. Vrai ou faux ? *4 points*

	VRAI	FAUX
Il est possible d'étudier toutes les cultures humaines et de les comparer		
Les cultures sans écriture posent un problème car elles ne laissent pas de traces		
Les historiens ont un gros avantage sur les ethnographes		
Lévi-Strauss veut montrer que les cultures humaines forment un tout harmonieux		

D. Questions sur la troisième partie du texte

9. Les cultures tendent-elles toujours à se différencier les unes des autres ? Justifiez votre réponse avec vos propres mots *2 points*

_____

_____

_____

10. Soulignez la proposition correcte *2 points*

A. Plus une société humaine grandit, plus elle est uniforme et homogène

B. Les sociétés humaines se définissent par leurs sous-groupes et non par leurs relations avec d'autres sociétés

C. le niveau de particularisme ou de convergence des sociétés est influencé par les rapports qu'elles ont entre elles

11. Quelles conclusions l'auteur tire-t-il de son raisonnement ? (Soulignez les 3 réponses correctes)   *3 points*

A. l'isolement d'une culture n'est jamais un facteur de différenciation

B. pour bien étudier les cultures il faut comprendre qu'elles sont toujours en évolution

C. les populations totalement isolées des autres sont extrêmement rares

D. les amérindiens du Nord se sont différenciés des amérindiens du Sud parce qu'ils étaient éloignés les uns des autres

E. Les groupes humains ont une tendance inhérente à la fois à se différencier des autres groupes, et à les imiter

F. Il faut morceler les cultures humaines pour mieux les étudier

Partie 3

PRODUCTION ECRITE

25 points

■ **Exercice 1 : Synthèse de documents**   *13 points*

Vous ferez une synthèse des documents proposés, en 220 mots environ (fourchette acceptable : de 200 à 240 mots). Pour cela, vous dégagerez les idées et les informations essentielles qu'ils contiennent, vous les regrouperez et vous les classerez en fonction du thème commun à tous ces documents, et vous les présenterez avec vos propres mots, sous forme d'un nouveau texte suivi et cohérent. Vous pourrez donner un titre à votre synthèse.

Attention :

- vous devez rédiger un texte unique en suivant un ordre qui vous est propre, et en évitant si possible de mettre deux ou trois résumés bout à bout ;

- vous ne devez pas introduire d'autres idées ou informations que celles qui se trouvent dans les documents, ni faire de commentaires personnels ;

- vous pouvez bien sûr réutiliser les « mots-clés » des documents, mais non des phrases ou des passages entiers

- vous indiquerez le nombre de mots utilisés dans votre synthèse sur la ligne prévue à cet effet à la fin.

➢ **Document n°1**

La France attire de plus en plus d'étudiants étrangers : une bonne nouvelle à relativiser

Le Monde Blogs – Focus Campus, 23 décembre 2015

La France attire de plus en plus les étudiants étrangers. Selon l'enquête « Mobilité », publiée il y a quelques semaines par la **Conférence des grandes écoles**, leur nombre a ainsi progressé de 21 % en deux ans dans ces établissements. Ils représentent désormais presque 20 % des effectifs des écoles d'ingénieurs, et 28 % de ceux des écoles de management. Et les universités suivent la même tendance. Au total, selon l'Unesco, l'Hexagone a accueilli 271.399 étudiants internationaux – en séjour d'études ou en stage – au cours de l'année 2012, soit 6,8 % du total mondial des étudiants en mobilité. La France a ainsi repris la troisième place mondiale des pays d'accueil pour les étudiants étrangers, derrière les Etats-Unis et la Grande-Bretagne. Plusieurs facteurs peuvent expliquer ces bons résultats. Si la destination France progresse en attractivité, elle le doit d'abord, bien sûr, à la qualité générale de son enseignement supérieur – quoi qu'en disent les grincheux.

Elle le doit aussi à l'effort d'ouverture sur le monde accompli par ses établissements – universités et grandes écoles. Avec notamment le développement des enseignements en langue anglaise, et l'effort de promotion accompli par les institutions françaises à l'international.

Elle le doit également au prestige que conserve la destination France aux yeux de nombreux étrangers. Rappelons au passage que notre pays reste la première destination touristique au monde. Autant de nouvelles dont il convient de se réjouir. Parce que les diplômés qui auront étudié dans notre pays seront, demain, ses meilleurs ambassadeurs. Parce qu'ils contribuent à la vie intellectuelle de notre pays. Et aussi, on l'oublie trop souvent, parce qu'ils consomment et participent ainsi à l'animation et à la vie économique des territoires. Ces étudiants venus d'ailleurs sont un atout pour la croissance.

Pas question de bouder notre plaisir, donc. Mais il convient aussi d'apporter plusieurs bémols à ce constat optimiste.

D'abord, à y regarder de plus près, force est de constater que l'attractivité de la France n'est pas égale dans toutes les régions du monde. Elle s'exerce surtout sur les pays dont le système éducatif est encore peu développé – autrement dit, sur les pays émergents.

Inutile de se voiler la face : le choix de la France n'est pas forcément (ou pas seulement….) lié à la qualité de son enseignement. Il est aussi affaire de coût (les frais de scolarité peu élevés) et d'opportunité. C'est particulièrement net pour les universités, qui attirent un grand nombre d'étudiants du Maghreb, d'Afrique sub-saharienne ou de Chine – ce qui est d'ailleurs une bonne chose.

Deuxième bémol : la « guerre des talents », visant à attirer des étudiants et les diplômés – si possible les plus brillants – est désormais une réalité à l'échelle planétaire. La France se retrouve ainsi en concurrence de plus en plus frontale avec des pays qui ont mis en place une véritable stratégie d'attraction et d'accueil de talents internationaux.

Enfin, l'ambition de notre pays de rester un acteur majeur sur l'échiquier mondial de l'enseignement supérieur – et donc de garder sa compétitivité – paraît peu compatible avec les coupes et les restrictions budgétaires annoncées par les pouvoirs publics. Le maintien d'un rang « honorable » suppose au contraire un effort financier accru en faveur de nos universités et de nos grandes écoles

> **Document N°2**

Mobilité des étudiants africains: l'attractivité française en recul

D'après RFI - 07-11-2016

Avec près de 130 000 étudiants africains débarquant dans le pays de Voltaire chaque année entre 2011 et 2015, la France demeure la destination préférée des jeunes Africains partant à l'étranger pour leurs études supérieures, diplômantes et non diplômantes confondues.

« Malgré des signes de ralentissement au cours des dernières années, la France a réussi à préserver sa première place et elle accueille même de plus en plus d'étudiants anglophones », se réjouit Olivier Chiche-Portiche, directeur de la coordination géographique au sein de Campus France.

Attractivité des études

La promotion de l'attractivité des études en France faite par Campus France n'est sans doute pas étrangère à l'intérêt de la jeunesse africaine pour l'Hexagone. Qu'est-ce que Campus France ? Mis en place en 2010, Campus France est un organisme public qui oeuvre pour le rayonnement à l'international de l'enseignement supérieur français. L'organisation va à la rencontre des étudiants dans les universités et écoles d'enseignement supérieur à l'étranger, organise des forums pour promouvoir « la marque de l'enseignement supérieur français dans le monde ».

Etat des lieux publié par Campus France en octobre 2016

→ La France, premier pays d'accueil : sur un total de 373 000 étudiants africains en mobilité internationale diplômantes, la France a accueilli un effectif de 92 205 (2013), soit 26% de l'ensemble des effectifs, loin devant ses concurrents les plus proches : l'Afrique du Sud (9,5%), le Royaume-Uni (9,3%) et les Etats-Unis (9,3%).

→ Une part importante : Les étudiants africains représentent 43% de l'ensemble des étudiants étrangers accueillis en France.

→ Origines : 7 pays, soit le Nigeria, le Maroc, l'Algérie, le Cameroun, le Zimbabwe, la Tunisie et le Kenya, regroupent à eux seuls plus de la moitié des étudiants africains en mobilité internationale. Pour la France aussi, le Maghreb représente une part importante du total, soit 53% des étudiants africains accueillis. Derrière les trois pays du Maghreb, se rangent dans le Top 10 le Sénégal, le Cameroun, la Côte d'Ivoire, le Gabon, Madagascar, le Congo et la Guinée.

→ Types de formation : 78% des étudiants africains fréquentent des établissements universitaires et le reste se répartit entre classes préparatoires ou écoles professionnelles (12%), écoles d'ingénieurs (5,4%) et écoles de management (4,9%).

→ Diversification des destinations : Si l'Europe communautaire et en particulier la France demeurent des destinations de choix pour les étudiants africains, on assiste à une baisse de la proportion des étudiants accueillis au cours des dernières années. La part de l'Hexagone est passée de 44,3% en 2010 à 42,5% en 2015. Ce recul profite aux établissements supérieurs africains (Afrique du Sud, Ghana, Maroc, Tunisie).

Pour les responsables de Campus France, si la France a réussi à préserver sa première place de pays préféré des étudiants africains, la concurrence demeure vive entre les pays qui traditionnellement accueillent ces étudiants et les pays montants d'Asie et d'Afrique qui viennent d'entrer dans le marché des études supérieures avec des offres souvent très compétitives.

« Il y a de plus en plus de concurrence entre les pays occidentaux et émergents dotés d'infrastructures éducatives reconnues, car, explique Didier Rayon, auteur de la Note consacrée à la mobilité africaine de Campus France, ces derniers ont pris conscience qu'accueillir les étudiants étrangers peut être une source de revenus et pas de dépenses. Qui plus est, cette politique d'accueil a aussi un intérêt différé dans la mesure où ces étudiants qui deviennent des décideurs une fois rentrés chez eux restent attachés aux pays où ils ont étudié. Ils les privilégient lors des choix économiques et commerciaux qu'ils sont amenés à faire au cours de leur carrière professionnelle. »

Pour Didier Rayon, « un mouvement de redistribution des destinations est à l'œuvre, avec l'entrée en scène des nouveaux pays qui pratiquent une politique dynamique pour l'accueil des étudiants africains. Dans des pays occidentaux, la mise en place des politiques restrictives en matière de visas pèse sur notre attractivité. »

Nombre de mots _____

■ **Exercice 2 : Essai argumenté**   *12 points*

Vous êtes un étudiant francophone qui désire faire ses études à l'étranger mais qui hésite entre la France et d'autres pays. Vous écrivez à un ami étudiant comme vous pour lui faire part de vos hésitations et lui demander conseil (250 mots environ)

Nombre de mots _____

ÉPREUVE DE PRODUCTION ORALE

25 points

Préparation : 60 minutes

Passation : 30 minutes environ

■ **Consignes pour les candidats**

Cette épreuve se déroulera en deux temps :

1. Exposé

À partir des documents proposés, vous préparerez un exposé sur le thème indiqué, et vous le présenterez au jury.

Votre exposé présentera une réflexion ordonnée sur ce sujet. Il comportera une introduction et une conclusion et mettra en évidence quelques points importants (3 ou 4 au maximum)

Attention :

Les documents sont une source *documentaire* pour votre exposé.

Vous devez pouvoir en exploiter le contenu en y puisant des pistes de réflexion, des informations et des exemples, mais vous devez également introduire des commentaires, des idées et des exemples qui vous soient propres afin de construire une véritable *réflexion personnelle*.

En aucun cas vous ne devez vous limiter à un simple compte-rendu des documents.

2. Entretien

Le jury vous posera ensuite quelques questions et s'entretiendra avec vous à propos du contenu de votre exposé.

Thème de l'exposé : L'égalité hommes-femmes en France

➢ **Document n°1**

Depuis 200 ans, la parité entre les hommes et les femmes n'a cessé de progresser

D'après *vie-publique.fr* 16/09/2014

Si la parité désigne une égalité générale entre les hommes et les femmes, elle prend un sens plus restreint en s'appliquant parfois à la seule vie politique.

Même si certaines femmes ont occupé une place très importante dans l'histoire de la France, jusqu'au XXe siècle, le rôle politique de la femme n'a pas été favorisé.

L'histoire politique et sociale depuis 1789 reflète un mouvement d'émancipation progressif des femmes : protection contre le travail abusif au nom de leur rôle de mère, protection contre l'époux, reconnaissance d'un statut civil propre, octroi des droits politiques, ouverture progressive des études et des emplois aux femmes, loi sur l'interruption volontaire de grossesse (1975).

Dernière étape, en France, plusieurs textes ont été adoptés pour favoriser la place des femmes dans la vie politique. Après un échec en 1982, la révision constitutionnelle de 1999, complétée par la loi du 6 juin 2000, a ouvert la voie à des réformes législatives destinées à imposer les femmes dans la vie politique et sociale.

Cependant, de nombreux efforts restent à accomplir en vue d'une parité plus complète

Dans les entreprises ou dans la haute fonction publique, les femmes restent très minoritaires aux niveaux de direction.

Bien que proportionnellement plus nombreuses que les hommes à accéder aux études supérieures, les femmes demeurent moins présentes dans les filières les plus cotées, subissent davantage le chômage, le temps partiel non choisi. L'écart des salaires moyens est aussi en leur défaveur.

Si les femmes sont désavantagées par rapport aux hommes, cela tient au regard porté sur elles par la société. Cependant, il n'est pas sûr que la contrainte puisse imposer un renversement de tendance.

Des questions de fond demeurent sur le bien fondé de mesures coercitives en la matière.

> **Document N°2**

Égalité femme-homme : la France se classe 15e au niveau mondial

D'après *Madame Figaro*, 16 février 2016

Le Forum économique mondial a publié lundi son rapport annuel sur les inégalités femme-homme. Au programme : l'évaluation et le classement de plus d'une centaine de pays sur l'égalité entre les sexes en matière d'accès à l'éducation, à la santé, au pouvoir politique et à l'économie du pays. Cette édition 2015 permet de mettre en perspective une décennie de données afin de mesurer les progrès réalisés en matière d'émancipation des femmes à travers le monde. « Mais il n'y a pas que des bonnes nouvelles : le rapport montre également tout le travail qu'il reste à faire avant que le monde ne soit égalitaire. »

La France au 132e rang en termes d'égalité de salaire

La France, elle, est positionnée à la quinzième place, après le Rwanda, les Philippines, la Slovénie, la Nouvelle-Zélande ou encore le Nicaragua. L'Hexagone a joué au yoyo pendant les dix années d'évaluation : classé à la 70e place en 2006, le pays est remonté 15e en 2008 avant de replonger à la 57e place en 2012. Hissée à la 16e place en 2014, la France retrouve donc son meilleur score en 2015. Toujours parmi les premiers ex-aequo des classements « éducation » et « santé », la France a rattrapé ses lacunes dans le domaine politique. Au regard de l'année 1991-1992 quand Edith Cresson fut premier ministre, de la parité respectée au sein du gouvernement et de 26% de femmes au parlement, la France hérite donc de la 19e place, derrière l'Inde, la Slovénie et Cuba, entre autres.

Le point faible de la France reste son score sur la participation des femmes à l'économie. Si 67% des Françaises participent au marché du travail, la France est classée 132e sur le critère de l'égalité de salaire entre femme et homme pour un travail similaire. L'écart de salaire annuel moyen entre femme et homme s'élève à 7688 dollars (soit 6888 euros). Au vu de ces critères, la France est classée au 56e rang du classement « économie », entre le Panama et la Gambie, devancée par l'Azerbaïdjan, le Tadjikistan, le Zimbabwe et la Russie.

Document N°3

Les inégalités entre les femmes et les hommes en France

D'après l'Observatoire des inégalités, 3 mars 2015

! Les inégalités entre les hommes et les femmes se réduisent en matière d'éducation

En France, les filles représentent 57 % des étudiants à l'université en 2013-2014 contre 43 % en 1960-1961. La situation s'est nettement améliorée ces cinquante dernières années. Mais les écarts persistent dans le choix des filières. Les filles représentent plus de 75 % des étudiants en lettres et sciences humaines, mais 25 % dans le domaine des sciences fondamentales, qui mènent aux carrières les plus prestigieuses et les plus rémunératrices. Déjà au lycée, les filles sont moins nombreuses en série scientifique. Les modes de vie, l'éducation ou le fonctionnement du système éducatif expliquent ces choix d'orientation différenciés.

- Hommes et femmes : égalité……devant la pauvreté

En 2011, 8,2 % des femmes étaient en situation de pauvreté contre 7,7 % des hommes (au seuil de 50 % du revenu médian). Cette précarité est plus grande après 75 ans où 1,5 fois plus de femmes que d'hommes sont pauvres. Cela s'explique par le fait que les femmes vivent plus longtemps et qu'elles ont moins souvent occupé un emploi. Elles perçoivent des pensions très inférieures en moyenne.

Les jeunes femmes de moins de 30 ans sont aussi plus nombreuses que les hommes à connaître la précarité. Il s'agit notamment de mères célibataires avec de faibles revenus, qui perçoivent une allocation de parent isolé ou un maigre salaire à temps partiel.

- L'inégal partage du travail domestique

Que les femmes aient ou non un emploi, elles sont toujours les « championnes » du travail domestique, comparé aux hommes. En moyenne, les femmes consacrent 3h52 par jour aux tâches domestiques, en 2010, contre 2h24 pour les hommes. Avec l'arrivée d'un enfant, ce partage inégal perdure, voire se creuse.

- Davantage de femmes dans la sphère politique mais on est encore loin de l'égalité

La loi de juin 2000 sur la parité a contribué à une meilleure représentation féminine dans les exécutifs nationaux et locaux. Mais seulement 26,9 % de femmes siègent à l'Assemblée nationale. Au rythme actuel de progression en nombre de sièges obtenus par les femmes, la parité devrait être atteinte…dans 25 ans. Au niveau local, seule une femme est à la tête d'une région, alors qu'elles représentent près de la moitié des conseillers de ces instances. 16 % des maires sont des femmes, et 14,6 % sont à la tête de communes de plus de 100 000 habitants.

> **Document N°4**

Cinq chiffres qui prouvent que l'égalité hommes-femmes est encore loin d'être gagnée en France

D'après France info, 8 mars 2016

Les femmes gagnent en moyenne 19,2% de moins que les hommes

Secteur public ou secteur privé, les femmes restent moins payées que leurs homologues masculins. En 2013, l'écart entre hommes et femmes est de 19,2%, selon le ministère. Les inégalités sont encore plus prononcées dans le milieu de la finance et des assurances, où les femmes gagnent 39,5% de moins que les hommes. L'écart est presque aussi important dans les activités juridiques, comptables, d'architecture ou d'ingénierie (31,1%). Finalement, le secteur de la construction se distingue. Les femmes y gagnent "seulement" 1,5% de moins que les hommes.

L'Insee rappelle qu'en France, aucune région ne fait mieux qu'une autre. Les inégalités de salaires sont présentes partout. Pourtant, les femmes réussissent mieux à l'école, souligne l'institut national de la statistique.

72% des créateurs d'entreprise sont des hommes

En France, seuls 28% des créateurs d'entreprise sont des femmes, selon le ministère des Droits des femmes. Un plan gouvernemental s'est fixé un objectif de 40% d'ici 2017, signale Elle. Un site internet a notamment été mis en ligne pour inciter les femmes à créer leur entreprise.

Par ailleurs, sur les 40 entreprises françaises cotées en Bourse, aucune femme n'occupait le poste de PDG en 2015, relaie Le Monde. Elles sont aussi toujours minoritaires dans les conseils d'administration. Parmi les membres exécutifs, 13% sont des femmes. Parmi les membres non exécutifs, les femmes représentent 34%, comme l'impose d'ailleurs la loi Copé-Zimmerman.

67,5 des femmes sont actives, contre 75,5% des hommes

Le taux d'activité des femmes de 15 à 64 ans est bien inférieur à celui des hommes : 67,5% d'entre elles occupent ou recherchent un emploi, contre 75,5% des hommes. En outre, ce taux baisse à mesure qu'elles ont des enfants : s'il est de 82,4% avec un enfant, il chute à 43,3% avec trois enfants ou plus, dont au moins un bébé de moins de 3 ans.

27,3% des actives exercent un emploi non qualifié, contre 20,2% des actifs

Les femmes et les hommes sont répartis de manière très inégale sur les différents métiers, indique la Dares dans une étude publiée en 2014 : "En 2013, la probabilité qu'une personne en emploi soit sur un poste d'employé ou d'ouvrier non qualifié plutôt que sur un poste plus qualifié est 2,2 fois plus forte pour une femme que pour un homme", écrit le bureau d'études et de statistiques. Les femmes achètent leur premier logement vers 38 ans, deux ans plus tard que les hommes

Les hommes achètent un logement pour la première fois à l'âge de 36 ans, quand les femmes attendent deux ans de plus. Or cette différence d'âge a pour conséquence un coût d'assurance plus élevé. "Elles payent en moyenne 500 euros de plus sur leur assurance individuelle", précise Cécile Roquelaure, directrice de la communication du courtier Empruntis.

Par ailleurs, les femmes empruntent avec des revenus inférieurs d'environ 10% à ceux des hommes, à un coût plus élevé et sur une durée d'emprunt plus longue, selon Empruntis.

TEST 3

Partie 1

COMPRÉHENSION DE L'ORAL

25 points

■ **Exercice 1**

Vous allez entendre deux fois un enregistrement sonore de 6 minutes environ.

- *Vous aurez d'abord 3 minutes pour lire les questions.*
- *Puis vous écouterez une première fois l'enregistrement*
- *Vous aurez ensuite 3 minutes pour commencer à répondre aux questions*
- *Vous écouterez une deuxième fois l'enregistrement.*
- *Vous aurez encore 5 minutes pour compléter vos réponses*

Vous pouvez prendre des notes pendant les deux écoutes

1. Quel est le titre du livre de patrick Buisson ?   *1 point*

___

2. Le sujet de cet ouvrage est (*soulignez la bonne réponse*) 1 point

A. la crise identitaire du peuple français

B. la responsabilité des présidents dans la montée du populisme

C. le sentiment d'insécurité culturelle dont souffrent les français

D. le sentiment qu'a le peuple français de ne plus maîtriser son destin

3. Quelles sont les 3 définitions du peuple que donne Patrick Buisson ? 3 points

1. _____

2. _____

3. _____

4 Vrai ou faux ? 1 point

	VRAI	FAUX
Dans la « post démocratie », on empêche le peuple d'exercer sa souveraineté		

4. Citez deux éléments qui ont fondé la société française pendant plusieurs siècles selon P. Buisson
1 point

_____

_____

5. Soulignez la proposition correcte 1 point

A. Les valeurs sur lesquelles se fondaient le lien social ont été déconstruites

B. Nous savons comment nous pouvons reconstruire la société et la nation

C. Les liaisons sociales se sont renouées en France depuis 50 ans

D. Les hommes politiques s'occupent activement de reconstruire le lien social

6. Quel reproche fait P. Buisson à la pensée politique aujourd'hui ? *1 point*

_____

_____

7. Vrai, faux, on ne sait pas ? *3 points*

	VRAI	FAUX	On ne sait pas
Le journaliste pense que P. Buisson a une conception identitaire du peuple			
P. Buisson est d'accord avec cette interprétation du journaliste			
P. Buisson est opposé à la politique d'assimilation des immigrés			
Selon lui, les électeurs sont davantage préccupés par l'économie que par les questions identitaires			
La gauche a remplacé la question de la justice sociale par la question de l'égalité ethno-raciale			
P. Buisson déplore le clivage identitaire des grandes démocraties			

8. Pour François Julien, le second invité, quel est le vrai débat ? *2 points*

9. Peut-on, selon lui, définir l'identité culturelle française ? *1 point*

OUI	NON

10. Soulignez les propositions correctes (*plusieurs choix possibles*) *2 points*

A. Patrick Buisson s'intéresse à l'identité culturelle française parce que les gens votent par rapport à elle

B. il n'y a qu'un seul mythe politique : l'égalité, inventée par la gauche

C. selon P. Buisson, les réalités n'ont pas d'importance, seules comptent les représentations

D. C'est le Front National qui a inventé le mythe politique du progrès

E. Patrick Buisson se présente comme un philosophe et un anthropologue, et non un politologue

11. Que reproche P. Buisson aux présidents qui se sont succédé en France depuis dix ans ?

2 points

■ **Exercice 2**

Vous allez entendre une seule fois plusieurs courts extraits radiophoniques.

Pour chacun des extraits,

- *Vous aurez entre 20 secondes et 50 secondes pour lire les questions.*
- *Puis vous écouterez l'enregistrement.*
- *Vous aurez ensuite entre 30 secondes et 1 minute pour répondre aux questions.*

➢ Document N°1

1. Le sujet de ce mini-reportage est (*soulignez la bonne réponse*)   1,5 point

A. la nouvelle mode dans la haute couture en Chine

B. le marché du bikini dans la province de Qindao, en Chine

C. la pauvreté dans les campagnes chinoises

D. la mode chinoise de se masquer le visage à la plage

E. les masques du Théâtre de Pékin

2. Que pensent les Chinois du bronzage ?   1,5 point

_____

➢ Document N°2

1. Quelle est la profession de la personnalité interrogée ?   1,5 points

_____

2. Pourquoi dit-il qu'il a de la chance ? (3 bonnes réponses à souligner)   1,5 points

A. Parce qu'il est entouré de sportifs professionnels

B. parce qu'il a eu une bonne éducation

C. parce qu'il rencontre le succès

D. parce que son entourage l'aide à garder les pieds sur terre

E. parce qu'il a été « dézingué » par la critique

F. parce qu'il habite Paris et pas Perpignan

Partie 2

COMPRÉHENSION DES ECRITS

25 points

L'histoire en désordre

D'après Le Monde Diplomatique, septembre 2014

Première Partie

Des torrents d'encre gonflent un fleuve d'ignorance : il y aura bientôt plus de publications consacrées à l'histoire qu'à l'automobile. Au seul mois de juin 2014, trois nouveaux magazines sont apparus dans les kiosques. *Les Clés de l'histoire*, dernier-né de Sophia Publications, qui édite également les mensuels *L'Histoire* et *Historia*, se veut un « produit populaire, joyeux et facile d'accès », un « magazine sympa et intergénérationnel » destiné à« donner du bonheur à tous les lecteurs ». Le bimestriel *Tout sur l'histoire* (Fleurus Presse) se positionne pour sa part « sur le créneau de l'histoire à grand spectacle » et« regarde vers les 18-25 ans, quand le reste du secteur se tourne vers les plus de 55 ans ».Quant au troisième, *Secrets d'histoire* (Uni-éditions), il décline sur papier le concept de l'émission de Stéphane Bern sur France 2 . S'y ajoutent *Guerres & Histoire, Ça m'intéresse Histoire, Le Figaro Histoire* et les multiples hors-séries qui peuplent les kiosques.

La chose fut comprise avant même Hérodote : l'histoire est une arme au tranchant effilé ; qui la forge l'a pour soi, et malheur aux vaincus. Son récit habite les peuples, appelle la légende. Il divise ou rassemble. Se raconte et se transmet. Se déforme et se révise. Il passionne. Et les marchands en ont fait un marché. Un produit haut en couleur, mais sans relief ni profondeur. Un produit sans problème — mais pas sans profit.

Sur les ondes aussi, on raconte beaucoup d'histoires. La discipline a droit à des émissions sur Europe 1, France Inter, France Culture et, à la télévision, sur France 2 et sur la chaîne Histoire. Quant aux rayons des librairies, ils s'encombrent chaque année de dizaines de nouveaux ouvrages. Car tout personnage public peut désormais s'affirmer apprenti historien. Tandis que les dirigeants politiques affectionnent les biographies, de préférence d'un personnage illustre dont ils peuvent prétendre s'inspirer — Georges Mandel pour M. Nicolas Sarkozy, Napoléon Ier pour M. Lionel Jospin, Henri IV pour M. François Bayrou, etc. —, les journalistes affichent un plus grand éclectisme. En à peine quinze ans, parallèlement à ses fonctions de directeur du Nouvel Observateur, puis de Libération, puis du Nouvel Observateur, puis de Libération, etc., Laurent Joffrin a trouvé le temps d'écrire sur Mai 68, sur la Résistance, sur *Les Grandes Batailles navales, de Salamine à Midway* (Seuil) et sur les guerres napoléoniennes, sans oublier *La Grande Histoire des codes secrets* (Seuil).

On l'aura compris : les porte-voix de l'histoire « popularisée » ou « vulgarisée » sont rarement des spécialistes. Sur les cinquante meilleures ventes de l'année 2012 en France, seuls treize livres ont été écrits par des historiens de profession — dont sept par Max Gallo, qui a quitté le monde universitaire depuis plusieurs décennies. Les autres sont journalistes (Patrice Duhamel, Franck Ferrand, Bernard Benyamin), animateurs de télévision (Pierre Bellemarre, Bern), écrivains (Katherine Pancol, Amin Maalouf), chroniqueurs princiers (Gonzague Saint Bris) ou simples témoins (un prisonnier cambodgien, un résistant, une déportée). Dans bien des cas, le nom de l'auteur fonctionne comme un logo : s'il devenait invisible, le livre se vendrait beaucoup moins bien. Les maisons d'édition jouent d'ailleurs sur l'effet « vu à la télé » en ornant parfois la couverture de leurs ouvrages d'une photographie de l'auteur.

La recette pour rencontrer les faveurs du grand public est simple : « Il faut attirer avec des méthodes de divertissement » (Bern, quatre ouvrages au Top 50 de Livres Hebdo), en choisissant « les épisodes les plus spectaculaires, les plus truculents » (Loràn Deutsch, deux millions de livres vendus), en privilégiant ce qui est « atroce », « poignant » ou « inattendu » (Ferrand, six cent mille auditeurs quotidiens sur Europe 1). Bref, l'histoire séduit au-delà du cercle des initiés si elle parvient à éveiller des émotions, des sentiments, des impressions.

Deuxième partie

Pour aboutir à ce résultat, une excellente méthode consiste à la personnaliser, à l'incarner dans des personnages prompts à susciter l'émerveillement, la compassion, la colère, l'indignation, la pitié ou l'effroi. Dans *Femmes de dictateur*, qui lui a permis de se hisser en tête des ventes de 2012, la journaliste Diane Ducret propose une plongée « dans l'intimité de Hitler, Mussolini, Mao, Lénine, Staline, Bokassa ou Ceaucescu ». De même que *Rocky II* a succédé à *Rocky*, Ducret a publié *Femmes de dictateurs 2*. Au menu du nouveau millésime : l'« intimité » de M. Fidel Castro, mais aussi de Saddam Hussein, Oussama Ben Laden, Slobodan Milosevic et Kim Jong-il.

Les « dictateurs » n'étant pas seuls à faire vendre, beaucoup d'auteurs préfèrent se concentrer sur les « grands hommes ». Ainsi, Bern a raconté les vies de Napoléon et de Louis XIV — lequel a également été étudié par Saint Bris, par ailleurs biographe d'Henri IV. Mais le maître en la matière demeure Gallo, qui a dressé le portrait de ces trois souverains, mais aussi de Jean Jaurès, Charles de Gaulle, Jules César, Giuseppe Garibaldi, Spartacus, Néron, Rosa Luxemburg, Jules Vallès ou Robespierre. A coups de dossiers et de hors-séries, la presse joue les passagers clandestins des succès d'édition. Pour surfer sur la vague Ducret, *Le Point* s'intéressait, le 19 décembre 2013, aux « Favorites : maîtresses et concubines ». Le même mois, l'hebdomadaire *Valeurs actuelles* réhabilitait les « héros français piétinés par la gauche », de Clovis à Charles Martel en passant par les inévitables Louis XIV et Napoléon .

La biographie n'est en rien un sous-genre : elle peut aider à comprendre les subtilités de certains phénomènes sociaux, politiques ou culturels. Mais la version qu'en présentent en général les médias se résume trop souvent au panégyrique d'un grand homme, émaillé de scènes d'alcôve et de commérages, imposant au passé des problématiques contemporaines. Ainsi, selon *Valeurs actuelles*, Vercingétorix aurait été « un chef courageux, un combattant qui a fait le choix de l'action guerrière pour préserver sa culture », et Charles Martel, qui « arrêta les Arabes à Poitiers », un« résistant réprouvé »...

Les auteurs les plus en vogue revendiquent cette « héroïsation ». Le « grand homme » joue un rôle fédérateur : en magnifiant la France, il rassemble les citoyens autour du culte d'un passé glorieux. En d'autres termes, les « héros » favorisent l'amour de la patrie. Cette conception, tout droit héritée de la IIIe République, domine dans les médias, où pullulent les propos qui transforment la France en royaume des Bisounours : « L'histoire de France, c'est avant tout la plus belle des histoires » (Deutsch) ; « Mes ancêtres n'étaient pas gaulois, loin s'en faut, mais l'étude passionnée de l'histoire de France m'a permis d'aimer ce pays qui m'a vu naître » (Bern) ; « Il faut que la France se réapproprie sa propre histoire et réapprenne à s'aimer »(Eric Zemmour).

Pour tous ces auteurs, les problèmes de cohésion nationale viendraient donc de ce que l'histoire ne remplit plus sa mission : elle alimenterait le désamour des jeunes envers leur nation. L'idée n'est pas nouvelle. En 1979, déjà, à l'unisson du *Figaro*, du *Point* et de *Valeurs actuelles*, Alain Decaux critiquait les réformes scolaires, qui contribuaient selon lui à « couper [les jeunes] de leurs racines ».Trente ans plus tard, l'annonce des nouveaux programmes de collège et de lycée par le ministre Luc Chatel a suscité une offensive conjointe de la presse et de l'édition, qui se disputent âprement le marché de l'anathème. Chaque ouvrage dénonçant la « casse de l'histoire » bénéficie d'une couverture médiatique généreuse. Le livre de Vincent Badré sur les manuels, qui ressasse des lamentations sur la disparition des grands personnages ou les méfaits de la repentance coloniale, a été recensé favorablement dans *Le Figaro Histoire*, *Le Figaro Magazine*, *Le Parisien* et *Valeurs actuelles* ; son auteur a été interviewé, parfois à plusieurs reprises, par TF1, France 2, France 3, France Info, France Inter et RMC.

Troisième partie

Quant aux manuels scolaires, ils demeurent d'importants vecteurs de la pensée dominante. Ils véhiculent avec ardeur nombre d'idées reçues : le mythe de l'« union sacrée » dans les tranchées de la première guerre mondiale, alors que les unités de soldats étaient souvent traversées par des divisions sociales ; le prétendu anti-impérialisme du président américain Woodrow Wilson, qui n'hésitait pourtant pas à multiplier les interventions militaires et les ingérences politiques en Amérique latine tout en prônant le « droit à l'autodétermination des peuples » à la conférence de Versailles ; le rôle prétendument décisif du débarquement allié dans la défaite de l'Allemagne ; la fable d'une Union européenne créée dans le seul but d'instaurer une paix durable sur le continent, etc.

Cristallisant toutes les passions, les manuels scolaires représentent un enjeu dont chacun perçoit l'importance. Soupçonnés à tort d'influencer les enseignants — lesquels élaborent en réalité eux-mêmes leurs cours, et n'utilisent le plus souvent les manuels que comme supports —, ils habitent, entre autres sources, l'imaginaire des élèves qui en parcourent les textes, les images, les figures.

Les ouvrages qui ont obtenu l'agrément du ministère frappent par leur ton consensuel et froid : des événements, des dates, des chiffres y défilent comme les noms dans un annuaire, mécaniquement, tout juste reliés par quelques conjonctions de coordination. « Depuis la crise des années 1970, les sociétés postindustrielles entrent dans une phase de croissance démographique et économique plus lente. Le chômage et la précarité renaissent : même s'ils sont amortis par l'Etat-providence, ils rendent plus difficile son financement », dit par exemple un livre de Belin pour expliquer l'apparition du chômage de masse. Or la crise de l'« Etat-providence » n'est pas le produit d'une fatalité ; elle résulte de décisions politiques : la baisse des impôts et l'ouverture des frontières économiques, par exemple, décisions qui correspondent à une idéologie particulière et sont promues par certains groupes sociaux. Ecrire n'est pas simplement décrire.

Pour les manuels scolaires, les conséquences n'ont pas de causes, ni les victimes de bourreaux (sauf si ces derniers sont nazis ou communistes). Ils parlent de la pauvreté mais n'évoquent pas la richesse. Ils se veulent au-dessus de la mêlée et se bornent à rapporter des points de vue différents, même quand ceux-ci ne sont pas tout à fait équivalents. Par exemple, selon Magnard (première, 2012) le « bilan de la colonisation » est « ambigu » : « Le pouvoir se maintient par la force, mais il permet la scolarisation et l'émergence d'élites indigènes. La situation médicale des colonisés s'améliore, mais le travail forcé sur les grands chantiers maintient des rapports inégaux entre Blancs et colonisés. » Peut-on vraiment mettre sur le même plan la construction d'écoles ou de dispensaires et le massacre de centaines de milliers de Mau-Mau, de Hereros ou d'Algériens ?

Parce qu'ils attribuent les évolutions sociales et politiques à des entités non définies (« la France », « les Français », « la société », « l'opinion publique »), les manuels négligent les jeux d'influence, les résistances, les interactions qui font de l'histoire une science jubilatoire. Ils donnent raison à Deutsch quand il voit dans cette discipline telle qu'on l'enseigne « une matière froide, un objet de dissection ».

Est-on vraiment condamné à choisir entre l'histoire-spectacle, mise au service de l'amour de la France, et cette matière désincarnée que nous imposent l'école et la science universitaire ?

Dès les années 1930, aux Etats-Unis, Harold Rugg avait imaginé un manuel d'histoire progressiste, qui abordait de front le problème des inégalités sociales afin d'en dénoncer les causes. L'initiative se heurta à l'opposition d'organisations conservatrices — la Légion américaine, l'Association nationale des industriels, divers groupes patriotiques —, qui s'employèrent à la torpiller. Pour trois cent mille exemplaires de *Man and His Changing Society* vendus en 1938, il ne s'en écoulait plus que vingt mille six ans plus tard. « Un prolétariat éduqué est une source constante de désordre et de danger pour toute nation », déclara à l'époque le président de l'université Columbia, bien conscient de l'enjeu que représente la diffusion d'un savoir historique critique.

Répondez aux questions en écrivant la bonne réponse ou en écrivant l'information demandée (dans ce cas, formulez votre réponse avec vos propres mots ; ne reprenez pas de phrases entières du document, sauf si cela vous est précisé dans la consigne). Attention : les questions de la rubrique A portent sur l'ensemble du texte, les questions des rubriques B,C et D uniquement sur la partie du texte indiquée.

A. Questions sur l'ensemble du texte

1. Le sujet de cet article est *(soulignez la bonne réponse)*   *2 points*

A. la réforme des manuels scolaires du collège et du lycée qui font trop de place à la biographie des grands personnages historiques

B. le mauvais traitement de l'histoire dans les publications « grand public » et les manuels scolaires

C. La récupération politique des grands personnages de l'histoire de France

D. l'incompétence des historiens français et leur incapacité à écrire l'histoire telle qu'elle fut

2. L'auteur de ce texte exprime une opinion *(soulignez la bonne réponse)*   *1 point*

A. satirique

B. indignée

C. critique

D. élogieuse

B. Questions sur la première partie du texte

3. Vrai ou faux ? Justifiez chacune de vos réponses par une citation   *3 points*

	VRAI	FAUX
1. Le journaliste pense que le grand public n'apprend rien de ces publications		
2. Il estime que les auteurs dont il parle sont des professionnels de l'histoire		

3. Selon lui, la vulgarisation historique produit des ouvrages médiocres

Citation1 _____

Citation2 _____

Citation3 _____

4. A quelles professions appartiennent la majorité des auteurs dont parle le journaliste ? Justifiez votre réponse par des exemples tirés du texte   2 points

_____

_____

_____

5. Quelle est la recette du succès de tels ouvrages ? *(soulignez les bonnes réponses)*

3 points

A. Ce sont des livres où sont décrits des événements sensationnels

B. Ce sont des livres pour initiés

C. Beaucoup de lecteurs veulent devenir historiens à leur tour

D. Ce sont de riches sources documentaires pour les historiens et les universitaires

E. Ce sont des ouvrages qui font appel aux sentiments

F. On y trouve des choses horribles qui plaisent au grand public

C. Questions sur la deuxième partie du texte

6. Expliquez, avec vos propres mots, quelle façon de raconter l'Histoire beaucoup d'auteurs à succès choisissent.   2 points

7. Quel reproche l'auteur fait-il aux auteurs qui choisissent le genre biographique ? (Soulignez les 2 réponses justes) *2 points*

A. Les auteurs oublient le contexte historique, politique et social dans lequel vivaient les personnages historiques qu'ils traitent

B. La biographie est un sous-genre historique sans aucun intérêt

C. Ils se contentent de faire l'éloge des grands hommes et de raconter des anecdotes amoureuses et des ragots

D. Ils commettent des anachronismes en mélangeant la politique actuelle au passé

8. Citez la phrase montrant que certains auteurs poursuivent un but patriotique dans leurs ouvrages biographiques *1 point*

___

9. Quel reproche font ces auteurs aux manuels scolaires qui servent à l'enseignement de l'histoire aux jeunes ? (répondez avec vos propres mots) *2 points*

___

D. Questions sur la troisième partie du texte

10. Quels sont les deux principales critiques du journaliste envers les manuels scolaires destinés à l'enseignement de l'histoire ? *2 points*

1
_____

2
_____

11. Donnez 4 exemples d'affirmations historiques que l'on trouve dans ces manuels et que l'auteur conteste (précisez en quoi il les conteste) *4 points*

1 _____

2 _____

3 _____

4 _____

12. Soulignez l'affirmation correcte *1 point*

A. Les manuels scolaires influencent beaucoup les professeurs d'histoire

B. L'auteur rappelle que la colonisation a causé des centaines de milliers de morts

C. Les manuels scolaires prennent bien soin de montrer la causalité dans les phénomènes historiques

D. Le livre de Harold Rugg a été très bien accueilli dans les années 30

Partie 3

PRODUCTION ECRITE

25 points

■ **Exercice 1 : Synthèse de documents**   *13 points*

Vous ferez une synthèse des documents proposés, en 220 mots environ (fourchette acceptable : de 200 à 240 mots). Pour cela, vous dégagerez les idées et les informations essentielles qu'ils contiennent, vous les regrouperez et vous les classerez en fonction du thème commun à tous ces documents, et vous les présenterez avec vos propres mots, sous forme d'un nouveau texte suivi et cohérent. Vous pourrez donner un titre à votre synthèse.

Attention :

- vous devez rédiger un texte unique en suivant un ordre qui vous est propre, et en évitant si possible de mettre deux ou trois résumés bout à bout ;

- vous ne devez pas introduire d'autres idées ou informations que celles qui se trouvent dans les documents, ni faire de commentaires personnels ;

- vous pouvez bien sûr réutiliser les « mots-clés » des documents, mais non des phrases ou des passages entiers

- vous indiquerez le nombre de mots utilisés dans votre synthèse sur la ligne prévue à cet effet à la fin.

➢ **Document 1**

Livre numérique : le début de la fin ?

D'après Télérama , 12/10/2015

Aux Etats-Unis, l'Association of American Publishers (Association des éditeurs américains) a annoncé en septembre que les ventes de livres numériques (e-book) ont chuté de 10,4% durant les cinq premiers mois de 2015. À son lancement, en 2007, les ventes de l'e-book avait explosé, atteignant rapidement plus de 20% du marché global du livre. Mais aujourd'hui, elles stagnent à ce niveau.

Parallèlement, en Grande-Bretagne, James Daunt, le patron de Waterstones, l'une des deux grandes chaînes de librairies du pays, a expliqué à la revue *The Bookseller* qu'il retirait de ses rayons les liseuses Kindle (Amazon) au motif que « les ventes (de celles-ci) continuent d'être pitoyables », pour installer, à la place... des livres papier, dont les ventes en Angleterre ont, elles, progressé de 4,6% sur les neuf premiers mois de 2015 – une première depuis 2007.

Le livre numérique serait-il déjà mort ? En France – où existe un très bon maillage de librairies –, « il n'a jamais explosé comme aux Etats-Unis ou même en Angleterre », rappelle Sébastien Rouault, chef de groupe « panel livre » à l'institut d'études GFK.

Ici, le livre papier n'a jamais été détrôné : l'e-book n'occupe qu'une petite place. « Son poids tourne autour de 3% du marché total », poursuit Sébastien Rouault, même si dans certains domaines il atteint 15 ou 20%. En gros, 4% des acheteurs de livres consomment des livres numériques, et 1% des acheteurs de livres le font même exclusivement sous cette forme. Le marché ne s'est jamais emballé et continue de progresser tranquillement. Julien Goarant, responsable du baromètre du livre numérique de la société d'études OpinionWay, développe : « Le nombre de lecteurs numériques est stable depuis deux ans (environ 18% de la population a déjà lu un livre numérique), et leur pratique augmente légèrement : ils lisent un peu plus de livres numériques chaque année. » Pour résumer : l'e-book n'a pas fait une entrée fracassante en France, et il ne s'y effondre pas non plus.

Quant aux livres papier, ils vont plutôt bien ici aussi. Après une baisse légère (moins 1 à 2 % par an) depuis 2011, leurs ventes ont progressé d'environ 3% entre janvier et septembre.

> **Document 2**

USA : la deuxième bibliothèque sans livres a ouvert ses portes

D'après ActuaLitté 06.08.2015

En septembre 2013 ouvrait ses portes dans le comté de Bexar, au Texas, la toute première bibliothèque.... sans livres. La question de ranger ses livres par couleur ne se pose même plus, le numérique prend toute la place. Dénommée BiblioTech, l'établissement exempt de tous livres papier a immédiatement connu un grand succès. Une bonne raison pour en ouvrir une deuxième. Chose faite depuis le 25 juillet dernier, et ce toujours dans la ville de San Antonio, devenue à la pointe de la technologie.

Bien sûr, tout comme sa grande sœur, le nouvel établissement propose à ses clients d'accéder à des bases de données et des ressources pédagogiques en ligne, le tout à l'aide de plusieurs iMac, iPad, Xbox, ou encore tablettes Surface mis à disposition. Les visiteurs peuvent également bénéficier de prêts de lecteur ebooks et de livres numériques à lire chez soi. En plus de cela, une aire pour enfants et une salle d'étude de groupe ont également été installées. Ainsi, seul le livre numérique trouve place dans ces bibliothèques délaissant, par choix, le support papier.

La Dr Ricardo Romo BiblioTech se situe dans les jardins de la place de San Juan, exploités par l'Autorité du logement de San Antonio. La bibliothèque constitue une réelle aubaine pour les habitants de la ville qui n'ont un accès que très limité aux ordinateur et matériel numérique.

Les deux bibliothèques futuristes sont gérées par le groupe BiblioTech, grand précurseur en la matière et souhaitant une généralisation des ressources culturelles au format numérique.

Selon USA Today, la première bibliothèque comptabiliserait en moins de deux ans 68 000 inscrits et 200 000 visites. Si la Dr Ricardo Romo BiblioTech connaît le même succès, une troisième verra également le jour.

➢ **Document 3**

Livre numérique : un marché de 250 millions d'euros en 2015 en France

Journal du Net, 26/02/2015

Aux Etats-Unis, les e-books pèsent 25% des ventes de livres. Dans l'Hexagone, plusieurs facteurs devraient sortir ce marché de son statut de niche, selon notre partenaire Xerfi.

Pour la plupart, les éditeurs français ont à ce jour totalement intégré le format numérique dans leur stratégie. Il est vrai que dans l'Hexagone, le marché du livre électronique n'a pas encore dépassé le stade de la niche, alors qu'aux Etats-Unis il pèse 25% du marché du livre. Cela n'empêche pas Xerfi de prévoir que les ventes au détail d'e-books vont poursuivre leur essor pour avoisiner 250 millions d'euros cette année en France, c'est-à-dire quasiment 6,5% du marché du livre.

Selon l'éditeur d'études économiques, plusieurs facteurs contribueront à cet essor. A commencer par le taux d'équipement des Français en terminaux numériques, qui va poursuivre sa progression. Après avoir triplé entre 2012 et 2013, le nombre de lecteurs d'ebooks s'est stabilisé à 15% de la population française en 2014. (Parallèlement, après quatre ans de repli, les ventes de détail de livres papier se sont stabilisées à 3,9 milliards d'euros en 2014.) Les liseuses plafonnent un peu, mais les tablettes et smartphones commencent à prendre le relais grâce à l'amélioration de leur qualité d'affichage.

Autre facteur favorable au livre numérique : les éditeurs vont continuer à numériser leur catalogue de titres existants - 200 000 références numériques sont disponibles actuellement - et maintenir leur politique tarifaire favorable aux livres électroniques. Et à plus long terme, le plan numérique pour l'école devrait fournir une très belle opportunité, puisqu'il prévoit que l'ensemble des élèves de 5ème soient équipés d'une tablette d'ici la rentrée 2016.

Les hypothèses moyennes placent le secteur à 382 millions d'euros en 2017, soit 9% du marché du livre.

➢ **Document 4**

L'ebook stagnant en France, l'avenir du livre est-il dans l'impression à la demande ?

D'après Culturebox 17/03/2016

On dit le livre imprimé à l'agonie, bientôt supplanté par son équivalent électronique. Mais le papier n'a peut-être pas dit son dernier mot grâce **à l'impression à la demande**, une nouvelle technologie qui pourrait révolutionner le monde de l'édition.

"Nous entrons dans une époque où l'auteur écrit le livre et où le lecteur le fait naître", explique à l'AFP Frédéric Mériot, directeur général des Presses Universitaires de France (PUF) qui ont ouvert le 12 mars la première librairie express d'Europe.

L'imprimante express lancée par les PUF

Devant lui, l'"Expresso Book Machine" (EBM), une imprimante nouvelle génération, vient de confectionner un exemplaire du livre d'Henri Bergson "Le Rire", sous les yeux d'une cliente qui avait commandé l'essai quelques minutes plus tôt. L'ouvrage en tout point identique à celui qu'on pourrait trouver dans une librairie traditionnelle est aussi vendu au même tarif, prix unique du livre oblige.

Depuis une semaine, les PUF ont fait leur retour dans le coeur historique étudiant de Paris avec cet espace innovant où les lecteurs peuvent imprimer l'ouvrage de leur choix, le temps de boire un café. Avec ce système, importé des Etats-Unis et baptisé « ODB » (initiales de « livre à la demande ») le livre est vendu avant d'être imprimé et non le contraire.

L'ebook progresse très lentement en France

Sceptique quant au potentiel de développement du livre numérique (l'ebook qu'on lit sur sa tablette, sa liseuse ou son ordinateur portable) le dirigeant des PUF croit beaucoup plus en *"l'avenir du numérique imprimé, où toute la chaîne de fabrication est digitale jusqu'à l'impression finale, sur papier traditionnel"*. Selon les chiffres du Syndicat national de l'édition, l'ebook ne représentait en 2014 que 2,3% du marché français du livre, un chiffre marginal qui tend à stagner.

Selon un sondage publié le 16 mars, réalisé par OpinionWay pour trois associations d'auteurs et d'éditeurs, un Français sur cinq a déjà lu un livre numérique, une proportion en très légère hausse en un an. Le nombre de lecteurs de livres numériques est passé de 18% à 20% en un an, indiquent dans un communiqué commun la Société française des intérêts des auteurs de l'écrit (Sofia), la Société des gens de lettre (SGDL) et le Syndicat national de l'édition (SNE). Le sondage apprend même que "le nombre de livres numériques achetés par personne et le montant dépensé chaque année sont en baisse", 25% des sondés disant acheter moins qu'avant (+4 points en un an) et 32% estimant dépenser moins (+7 points).

"Un marché peut sans doute se développer autour de cette machine même s'il ne concerne qu'une frange de l'édition, celle des ouvrages à faible demande", explique à l'AFP Jean-Luc Treutenaere, coprésident de la fédération européenne et internationale des libraires. "Des auteurs locaux par exemple, qui souvent aujourd'hui s'auto-éditent sur internet, peuvent retrouver le chemin des librairies et se réapproprier l'édition papier", souligne-t-il. Autre créneau visé par l'impression à la demande, celui des livres rares ou anciens. "La machine nous a permis de remettre en vente à des prix normaux certains titres qui se vendaient d'occasion sur internet à plusieurs centaines d'euros, ce qui était une aberration", fait valoir Frédéric Mériot.

---

nombre de mots : _____

■ **Exercice 2 : Essai argumenté** *12 points*

Vous êtes un gros éditeur à qui un jeune auteur inconnu a proposé son manuscrit pour une édition en livre numérique, et vous lui écrivez pour lui répondre ce que vous pensez de ce projet (250 mots environ)

----

nombre de mots : _____

ÉPREUVE DE PRODUCTION ORALE

25 points

Préparation : 60 minutes

Passation : 30 minutes environ

■ **Consignes pour les candidats**

Cette épreuve se déroulera en deux temps :

1. Exposé

À partir des documents proposés, vous préparerez un exposé sur le thème indiqué, et vous le présenterez au jury.

Votre exposé présentera une réflexion ordonnée sur ce sujet. Il comportera une introduction et une conclusion et mettra en évidence quelques points importants (3 ou 4 au maximum)

Attention :

Les documents sont une source *documentaire* pour votre exposé.

Vous devez pouvoir en exploiter le contenu en y puisant des pistes de réflexion, des informations et des exemples, mais vous devez également introduire des commentaires, des idées et des exemples qui vous soient propres afin de construire une véritable *réflexion personnelle.*

En aucun cas vous ne devez vous limiter à un simple compte-rendu des documents.

2. **Entretien**

Le jury vous posera ensuite quelques questions et s'entretiendra avec vous à propos du contenu de votre exposé.

THEME DE L'EXPOSÉ : l'usage croissant de l'Internet par les jeunes

Document 1

Étude Ipsos : les jeunes, Internet et les réseaux sociaux

D'après Blog du modérateur, 29 avril 2015

L'institut Ipsos a réalisé une étude pour mieux cerner l'usage des nouvelles technologies par les jeunes de moins de 19 ans. Le constat est sans appel : l'hyper-connexion des jeunes s'intensifie.

13h30 par semaine sur Internet pour les 13-19 ans

Les adolescents (13-19 ans) passent en moyenne 13h30 par semaine sur Internet en 2015, contre 12h20 en 2012. Cette augmentation est également décelée chez les plus jeunes : 5h30 pour les 7-12 ans contre 4h50 en 2012, et même 3h40 contre 2h10 en 2012 pour les enfants de 1 à 6 ans.

Les enfants de plus en plus équipés

Malgré l'augmentation de la taille des écrans de smartphones, les tablettes ont toujours la cote dans les foyers qui accueillent des enfants. Le taux d'équipement grimpe en flèche : 22% en 2013, 46% en 2014 et désormais 62% en 2015. Le plus souvent, les tablettes appartiennent au parents ; mais 14% des 1 à 6 ans et 29% des 7 à 12 ans et des 13 à 19 ans possèdent leur propre équipement.

Du côté des autres appareils, les 13-19 ans sont particulièrement mieux lotis que les plus jeunes pour le smartphone (68% vs. 12%), la télévision (41% vs. 17%) et l'ordinateur (73% vs. 20%). Le taux d'équipement en ordinateur personnel est d'ailleurs en baisse chez les 7 à 12 ans.

Les 13-19 ans sur les réseaux sociaux

Ipsos livre également quelques statistiques liées aux pratiques des ados sur les réseaux sociaux. Le podium est composé de Facebook (78% des adolescents sont inscrits), Twitter (25%) et Instagram (14%). La proportion de jeunes inscrits sur Facebook est en baisse depuis 2013 (85%, 79%, 78%), alors que Twitter et Instagram progressent (8%, 22% et 25% pour Twitter ; 7% et 14% pour Instagram).

Les messageries instantanées ont également la cote. 42% se rendent régulièrement sur Facebook Messenger, 26% sur Skype, 23% sur Snapchat et 6% sur WhatsApp.

Document 2

L'usage des médias sociaux chez les jeunes : les deux côtés de la médaille

D'après *C'est malade*, Blogue pour les professionnels jeunesse, Québec, 2016

Utiliser les médias sociaux représente l'une des activités les plus courantes chez les jeunes d'aujourd'hui. Un récent sondage mené aux États-Unis démontre que 51 % des adolescents se connectent à leur réseau social favori au moins une fois par jour et que 22 % des jeunes le font plus de 10 fois quotidiennement (Common Sense Media, 2009). Les sites comme Facebook, YouTube ou Twitter, qui se sont développés à grande vitesse au cours des dernières années, s'avèrent hautement populaires auprès des jeunes, notamment parce qu'ils leur offrent l'opportunité de se divertir, mais également de communiquer entre eux (O'Keeffe et Clarke-Pearson, 2011). Il demeure cependant essentiel que les jeunes sachent en faire une utilisation saine et appropriée, sans quoi, certains problèmes pourraient survenir.

Un rapport clinique paru dans la revue américaine *Pediatrics* (2011) met en perspective les différents impacts des médias sociaux sur les enfants, les adolescents et les familles.

LE BEAU CÔTÉ DE LA MÉDAILLE

Possibilité de développer des habiletés sociales et d'améliorer la communication

Selon *Pediatrics*, il semble que l'utilisation des médias sociaux aurait un effet bénéfique sur les enfants et les adolescents en améliorant la communication, les liens sociaux, de même que les compétences techniques. Les médias sociaux permettent ainsi aux adolescents de réaliser plusieurs activités de socialisation, valorisées tant en ligne que hors ligne, comme rester en contact avec ses amis et sa famille, se faire de nouveaux amis, partager des photos et discuter (O'Keeffe et Clarke-Pearson, 2011). Aussi, ils offrent aux jeunes la possibilité de s'ouvrir davantage sur le monde et de rencontrer une multitude de points de vue, notamment par le biais de blogues, de vidéos, de podcasts, de sites Internet, etc. (Boyd, 2007, cité dans O'Keeffe et Clarke-Pearson, 2011).

Les auteurs exposent également qu'en plus de mettre à contribution le potentiel créatif des adolescents, notamment par la réalisation de divers projets (blogues, vidéos, musique…), les médias sociaux leur permettent aussi de partager leurs passions et leurs intérêts avec d'autres jeunes, ce qui enrichirait d'autant plus leurs expériences de socialisation.

Une belle opportunité d'apprentissage

Pour les étudiants, l'utilisation des médias sociaux s'avère aussi fort intéressante et profitable dans la réalisation de projets d'équipe puisqu'ils permettent l'échange d'idées et la collaboration à distance (Boyd, 2008, cité dans O'Keeffe et Clarke-Pearson, 2011). Toujours selon le rapport, ils offrent l'opportunité d'apprendre autrement. En effet, il semblerait que plusieurs écoles utilisent les blogues comme outil d'enseignement et l'on remarquerait plusieurs effets bénéfiques sur l'apprentissage des jeunes comme une amélioration de l'expression écrite et le développement de la créativité (Borja, 2005, cité dans O'Keeffe et Clarke-Pearson, 2011).

Accessibilité à de l'information portant sur la santé

Selon le rapport, les adolescents voient dans les médias sociaux une façon simple et anonyme permettant de trouver facilement des réponses à leurs questions, notamment en ce qui a trait à des thématiques plus intimes, comme la santé.

LE REVERS DE LA MÉDAILLE

L'utilisation des médias sociaux peut toutefois comporter certains risques, compte tenu de la capacité plus limitée de certains jeunes à s'auto-réguler et de leur tendance à être influencés par leurs pairs.

Vie privée

Le rapport stipule que le principal risque auquel s'exposent les jeunes utilisateurs de médias sociaux est lié à des problèmes relevant de la vie privée. En effet, certains adolescents manquent parfois de vigilance et ne se questionnent pas nécessairement sur le type de messages, de photos ou de vidéos qu'ils mettent en ligne. Or, ces jeunes utilisateurs sont parfois loin de réaliser l'ampleur de leurs gestes et les répercussions possibles à plus ou moins long terme. « Ce qui est mis en ligne reste en ligne » (Palfrey, 2010, cité dans O'Keeffe et Clarke-Pearson, 2011), et en ce sens, les jeunes qui manquent de prudence dans le type d'informations qu'ils transmettent pourraient se voir confrontés à divers problèmes, notamment lorsque viendra le temps de trouver un emploi.

Cyberintimidation, harcèlement en ligne, sexting, et cie

Toujours selon le rapport, un autre risque que courent les jeunes utilisateurs de médias sociaux serait la cyberintimidation, phénomène qui consiste à utiliser les médias numériques afin de diffuser des informations fausses, embarrassantes ou bien hostiles sur autrui (O'Keeffe et Clarke-Pearson, 2011). Ici, les auteurs du rapport font remarquer qu'une distinction doit être faite entre la cyberintimidation et le harcèlement en ligne. En somme, le harcèlement en ligne n'est pas aussi commun que le harcèlement hors ligne (Lenhart, 2007, cité dans O'Keeffe et Clarke-Pearson, 2011), alors que la cyberintimidation est très commune et peut arriver à tous les jeunes qui utilisent Internet.

De plus, d'autres problèmes peuvent découler de l'utilisation accrue des médias sociaux, tels que la cyberdépendance, la « dépression Facebook » et le manque de sommeil.

Document 3

Les nouveaux médias : des jeunes libérés ou abandonnés ?

D'après Sénat.fr, novembre 2016

6 à 8 % des internautes seraient dans l'usage excessif ou dépendant du réseau informatique. Les adolescents sont particulièrement exposés

Une enquête sur les loisirs devant écran (Internet, jeux vidéo et télévision) a été menée auprès de 444 élèves de 3e scolarisés dans l'ensemble des collèges publics et privés d'une grande ville du Nord de la France. Elle a porté sur les équipements de leur famille en téléviseurs, ordinateurs et consoles de jeux et sur les activités pratiquées devant ces écrans : durées, contextes, nature des loisirs, type de sociabilité, ainsi que sur neuf problèmes éventuellement ressentis (difficultés à se limiter, plaintes de l'entourage, perturbations des relations...). L'utilisation du score de dépendance d'Orman, construit à partir de ces derniers, fait apparaître une forte dépendance à Internet pour 7 % des collégiens, aux consoles de jeux pour 7 % d'entre eux et à la télévision pour 5 %. La pratique « intensive » d'Internet (plus de deux heures par jour de semaine) est retrouvée chez environ un collégien sur trois ; elle est beaucoup plus fréquente chez les garçons (39 %), les collégiens disposant d'un ordinateur dans leur chambre (44 %), vivant dans une famille monoparentale (35 %) et n'étant pas soumis à un contrôle parental (44 %). Bien qu'utilisant des équipements de la famille, les loisirs devant écran se déroulent la plupart du temps sans les parents, en lien physique ou virtuel avec des jeunes de même âge, appartenant à la fratrie ou au réseau amical. Le contrôle parental sur la durée et les contenus apparaît comme le facteur le plus efficace pour limiter un usage prolongé d'Internet.

En bref, s'il existe bien une cyberaddiction, plus puissante que la dépendance à la télévision, qui commence à prendre des proportions inquiétantes, la solution est connue : il s'agit du contrôle des parents, qui disposent des moyens pour couper la connexion ou pour maîtriser les horaires de navigation. Les parents doivent en fait avoir conscience qu'Internet peut être une drogue, et qu'à ce titre sa consommation par les enfants ne doit pas être complètement libre.

Les raisons de cette addiction ne sont pas forcément bien décryptées. Il est certain qu'Internet change le rapport au temps. M. Gilles Lipovetsky explique très bien que « comprimant le temps à l'extrême et abolissant les contraintes de l'espace, l'écran en réseau instaure une temporalité immédiate, générant l'intolérance à la lenteur et l'exigence du gain de temps. Ce nouveau rythme temporel n'est pas en soi négatif mais peut avoir pour effet de rendre l'utilisation de ce média addictive.

Selon M. Jean-Charles Nayebi, Internet constitue, pour certains adolescents, une fuite d'un quotidien difficile. A ce titre, les adolescents qui sont timides, qui ont une mauvaise image d'eux-mêmes, qui ne sont pas socialement à l'aise et les adolescents dont les parents rentrent tard à la maison sont les plus à risque. La passion de certains adolescents pour Internet réside dans le fait que cette période est parfois accompagnée de questions identitaires, lesquelles peuvent facilement être contournées par la connexion au réseau pour apporter une réponse. Les étudiants, notamment ceux qui vivent éloignés du contexte familial, se trouvent aussi parfois piégés par la cyberdépendance. Leur ordinateur peut progressivement remplir leur espace ludique puis leur espace de socialisation.

Par ailleurs, la dépendance aux jeux vidéo est bien analysée par l'ouvrage de Mme Christine Kerdellant et M. Gabriel Grésillon qui la compare à l'alcoolisme, le plaisir de jouer se transformant en impérieuse nécessité, proche de la dépendance.

Les conséquences de cette dépendance sont également bien connues et peuvent être extrêmement néfastes pour le développement des adolescents : usage compulsif de l'ordinateur ou de l'Internet, un temps considérable passé derrière son clavier, mensonges sur la nature de son activité sur le réseau, désinvestissement des relations familiales ou amicales et enfin changements d'humeur en fonction de la possibilité d'être connecté ou non. Les jeunes en ont bien conscience puisque les plus dépendants, qui ne sortent pas de chez eux, sont surnommés les « no life » et déconsidérés à ce titre.

La Fée prépa

TEST 4

Partie 1

COMPRÉHENSION DE L'ORAL

25 points

■ **Exercice 1**

Vous allez entendre deux fois un enregistrement sonore de 6 minutes environ.

- *Vous aurez d'abord 3 minutes pour lire les questions.*
- *Puis vous écouterez une première fois l'enregistrement*
- *Vous aurez ensuite 3 minutes pour commencer à répondre aux questions*
- *Vous écouterez une deuxième fois l'enregistrement.*
- *Vous aurez encore 5 minutes pour compléter vos réponses*

Vous pouvez prendre des notes pendant les deux écoutes

1. Quelle est la notion essentielle dans la méthode philosophique de Michel Onfray, selon la personne qui l'interroge ? (répondez par un mot)   0,5 point

_____

2. Par quoi commencent tous les ouvrages de Michel Onfray ? *(soulignez la bonne réponse)* 1 point

A. par une préface qui explique la vie du philosophe dont il parle

B. par une préface qui explique que les idées viennent de la terre

C. par des éléments de méthode pour comprendre la philosophie antique

D. par des éléments explicatifs tirés de sa propre vie

3. Vrai, faux, ou on ne sait pas ? *2,5 points*

	VRAI	FAUX	On ne sait pas
Le vrai philosophe cherche à produire un discours philosophique			
Le but de la philosophie est de changer le monde			
Le but de la philosophie est de construire sa propre vie			
Le vrai philosophe doit écrire des livres pour enseigner			
L'enseignement est le moyen de construire une vie de philosophe			

4. Expliquez en quoi la philosophie du christianisme s'oppose à la philosophie pré-chrétienne, selon Michel Onfray utilisez vos propres mots)   *3 points*

_____

_____

_____

_____

Vrai ou faux ?   *3 points*

	VRAI	FAUX
Selon l'interviewer, les idées existent par elles-mêmes		
Selon Michel Onfray, tout le monde peut se construire selon ce qu'il est		
Selon michel Onfray, la chance et la malchance participent à la vie philosophique		

1. Pourquoi Michel Onfray se définit-il comme un philosophe *matérialiste* ?   *2 points*

_____

_____

_____

_____

2. Soulignez les deux propositions correctes   *2 points*

A. Le livre le plus récent de Michel Onfray s'intitule *Le ventre des philosophes*

B. Ce livre portait à l'origine un autre titre

C. Michel Onfray préfère le nouveau titre

D. Le livre a pour sujet les philosophes et leur nourriture

E. Il a pour suite un second volume intitulé *Diogène cannibale*

3. Que voulait montrer Michel Onfray avec ce livre ?   *2 points*

_____

_____

_____

9. Ce livre a-t-il été compris par la critique ? *1 point*

OUI	NON

10. Michel Onfray a-t-il envie que l'on enseigne sa philosophie dans un siècle ? *1 point*

OUI	NON

11. Soulignez la proposition correcte *1 point*

A. Michel Onfray est opposé à l'enseignement de la contre-histoire

B. Michel Onfray voudrait que ses livres aident les lecteurs à être eux-mêmes

C. Michel Onfray souhaite que les gens imitent ses livres

D. Michel Onfray déteste les professeurs de philosophie

■ **Exercice 2**

Vous allez entendre <u>une seule fois</u> plusieurs courts extraits radiophoniques.

Pour <u>chacun des extraits</u>,

- Vous aurez entre 20 secondes et 50 secondes pour lire les questions.

- Puis vous écouterez l'enregistrement.

- Vous aurez ensuite entre 30 secondes et 1 minute pour répondre aux questions.

➤ Document 1

1. La personne qui parle est (*soulignez la bonne réponse*)   *1 point*

A. un grand reporter

B. un officier de l'armée française

C. un spécialiste des télécommunications en temps de guerre

D. Un technicien qui prépare les bagages des militaires

2. Selon lui, quel est l'avantage des journalistes sur les militaires ?   *2 points*

_____

_____

➤ Document 2

Cet extrait traite (*soulignez la bonne réponse*)   *2 points*

A. d'un débat entre des hommes politiques français

B. De la campagne présidentielle de 2017 en France

C. Du déclin des émissions politiques classiques à la télévision

D. de la baisse d'audience des chaînes de télévision françaises

2. Soulignez la proposition correcte   *1 point*

A. Eva Roch pense que les choses vont s'arranger quand la campagne électorale démarrera

B. Eva Roch pense que le public ne veut que des émissions de divertissement

C. Eva Roch pense que les audiences vont rester très basses

D. Eva Roch pense que certains débats valent mieux que d'autres

Partie 2

COMPRÉHENSION DES ECRITS

25 points

Hortense Archambault, directrice de la MC93

D'après Le Point Afrique, 17 octobre 2016

Première partie

Nommée il y a un an à la direction de la MC93(1), Hortense Archambault programme cette saison plusieurs artistes d'Afrique et du Maghreb. Dieudonné Niangouna pour la création de *Nkenguegi*, Salia Sanou avec *Du désir d'horizons*, Myriam Marzouki avec *Ce qui nous regarde*, sur la question du voile, et Léonora Miano pour des lectures. Au nombre des propositions françaises et internationales, on compte aussi des spectacles consacrés aux questions de la migration et de la diversité. Dans *Angleterre Angleterre*, Aïat Fayez, qui se décrit comme un éternel « étranger dans la famille du théâtre français », met en scène un passeur dans la « jungle » de Calais. Marcel Bozonnet aborde le même problème sous un angle anthropologique dans *La neuvième nuit, nous passerons la frontière*. Le tout hors les murs, dans différents lieux franciliens, en attendant la réouverture du théâtre de Bobigny en mai 2017 après trois ans de travaux.

Directeurs du Festival d'Avignon de 2004 à 2013, Hortense Archambault et Vincent Baudrier sont persuadés de la richesse des territoires populaires pour le renouvellement du paysage théâtral français. De ses institutions, trop souvent coupées des réalités sociales. Loin de tout communautarisme, ils veulent un théâtre ancré dans son environnement social. Reflet de la mixité culturelle de Seine-Saint-Denis et des grandes questions contemporaines. Un théâtre qui soit « fabrique d'expériences », où les cultures et les esthétiques peuvent se rencontrer. Où *Les Frères Karamazov* du metteur en scène allemand Frank Castorf et l'onirisme du circassien Johann Le Guillerm, qui ont ouvert la saison de la MC93, côtoient le théâtre épique de Dieudonné Niangouna, La danse de Salia Sanou imprégnée de la réalité des camps de réfugiés du Burkina Faso, et bien d'autres univers. Rencontre avec *Le Point Afrique*.

Le Point Afrique : Votre première année à la tête de la MC93 fut une année sans programmation. Non sans activités, toutefois, car vous avez posé les bases avec votre équipe de ce que vous nommez la « fabrique d'expériences ». De quoi s'agit-il ?

Hortense Archambault : Je commencerai par un exemple concret en vous proposant de regarder cette vidéo réalisée par Stéphanie Aubin, *Jeu de société Bobigny*. Une première vidéo de ce type avait été faite au Manège de Reims ; il s'agit ici d'une re-création en rapport avec notre territoire, conçue lors d'une résidence (2) pendant laquelle l'artiste a rencontré de nombreux habitants et acteurs du champ social. Nous ferons la même chose cette saison avec *La Mécanique des ombres* de Mathieu Desseigne, déjà décliné dans plusieurs villes. La « fabrique d'expériences » accueille donc des projets existants, en rapport avec la population. Mais ce n'est pas tout. À travers des résidences, nous invitons des artistes à explorer le territoire comme ils l'entendent. L'écrivain Daniel Conrod, le plasticien Frédéric Nauczyciel et le metteur en scène Nicolas Bigards ouvrent le bal. Beaucoup d'autres suivront. Je suis sûre que le théâtre peut être l'objet d'une forte demande sociale, et qu'il a des réponses à apporter.

Deuxième partie

Le Point Afrique :Comme le soulève le collectif « Décoloniser les arts », le théâtre français actuel manque de récits qui reflètent la diversité de la société française. La « fabrique d'expériences » a-t-elle aussi pour vocation de susciter ces récits manquants ?

C'est même une de ses missions premières. On ne peut être en Seine-Saint-Denis sans se préoccuper de cette question cruciale pour le théâtre d'aujourd'hui et de demain. En se rapprochant des relais sociaux dont elle s'est éloignée depuis quelque temps, la culture devrait produire de nouveaux récits. Si j'estime beaucoup le travail de « Décoloniser les arts », je suis toutefois réservée quant à leur choix d'orienter le débat sur la question de l'artiste « racisé ». Je ne veux pas aborder les choses de cette manière. J'ai envie de croire dans la possibilité d'inventer une nouvelle forme de communauté sans passer par le communautarisme. Et je suis persuadée que c'est sur des territoires populaires qu'une telle chose est possible. L'avenir du théâtre est dans le métissage culturel.

Le Point Afrique :Qui devra, selon vous, rassembler cette communauté, et autour de quelles valeurs ?

Notre ambition pour la MC93 est la même que celle qui a présidé à son ouverture en 1980 : faire venir le meilleur, artistiquement parlant, pour des populations populaires. Si changement il y a, c'est dans la nature de ces dernières. Hier ouvrières et considérées – à tort ou à raison – comme homogènes selon une logique de lutte des classes, elles sont aujourd'hui beaucoup plus difficiles à cerner. Plus éclatées. Il faut donc aujourd'hui repenser l'universel pour éviter les confrontations de systèmes de valeurs. Pour cela, les valeurs françaises doivent être prises comme bases communes et se traduire dans les représentations. C'est là que nous intervenons.

Le Point Afrique : Sans vouloir vous ramener à une approche communautaire, en quoi Dieudonné Niangouna, Salia Sanou et tous les artistes africains de votre programmation nourrissent-ils ces représentations symboliques ?

Avec l'immigration, particulièrement importante en Seine-Saint-Denis, l'Afrique fait partie de l'imaginaire français. Surtout depuis la dite « crise » des migrants. L'origine et la couleur des artistes ne sont toutefois pas pour moi des critères : lorsque je m'engage auprès d'un artiste, c'est pour sa faculté non seulement à représenter, mais à enrichir l'imaginaire français. Ce que fait avec talent Dieudonné Niangouna, que j'ai déjà soutenu à la tête du Festival d'Avignon en programmant *Sheda*, le second volet de sa trilogie initiée avec *Le Socle des vertiges*. Dieudonné Niangouna renouvelle la dramaturgie francophone, tout comme Léonora Miano, dont nous lirons des textes, qui est une auteur majeure en plus d'être une militante de la cause afropéenne. Achille Mbembe parle du « devenir nègre du monde ». Cela explique peut-être en partie la force de ces écritures.

Troisième partie

Le Point Afrique : Vous développez des réflexions collectives sur les différentes missions et problématiques de la MC93. Comment s'organisent celles qui touchent à la diversité ?

Nous n'avons pas de méthodes a priori, mais des pratiques qui émergent de notre dialogue avec tous les acteurs concernés par notre travail : la profession, bien sûr, les habitants, les acteurs du champ social... Cette question-là a été soulevée par l'auteur et metteur en scène Lazare, dont nous programmons la nouvelle création cette saison. Il est venu nous voir après les attentats, et nous a proposé d'organiser des rencontres entre artistes pour imaginer des manières de répondre à la peur. Nous en avons fait plusieurs en décembre dans nos bureaux, qui ont débouché sur une série de rencontres publiques intitulées « État d'urgence culturelle ? ». La première a eu lieu en juin à Tremblay-en-France, sur le lien des artistes aux territoires et à leurs acteurs. La prochaine se fera à Théâtre Ouvert à Paris, sur la question des écritures manquantes.

Le Point Afrique : Vous avez aussi mis en place différents groupes de spectateurs. Les uns dans une démarche d'action culturelle, les autres pour réfléchir aux différents usages du lieu. Reflètent-ils la diversité du territoire ?

Pas tous. Le groupe de spectateurs compagnons que nous avons mis en place afin d'associer le public au processus de création est pour le moment composé d'anciens usagers de la MC93 et de personnes qui nous suivent depuis Avignon. Notre comité des usagers du hall est beaucoup plus mixte. Dans le cadre de notre projet de reconfiguration du hall du théâtre, dont nous voulons faire un « espace des possibles » qui fasse le lien entre la ville et la salle, nous avons réuni pour réflexion des personnes très différentes. Leurs idées seront prises en compte par l'architecte du lieu. Nous lançons en ce moment un troisième groupe : le conseil des jeunes. Chaque année, nous enseignerons à une quinzaine d'adolescents les outils de la communication dans le but qu'ils s'approprient le lieu et qu'ils s'en fassent les ambassadeurs auprès de leur génération.

Le Point Afrique : Un mot sur votre classe « égalité des chances » ?

Comme de nombreux lieux, nous avons en effet ouvert l'an dernier une classe préparatoire « égalité des chances ». Contrairement à l'initiative Premier Acte qui s'adresse à des « artistes racisés », ce type de classe préparatoire aux concours des écoles nationales supérieures de théâtre repose sur des critères sociaux. De fait, les deux se recoupent souvent, les classes populaires étant souvent issues de la diversité. Sur 16 inscrits en 2015, 5 ont intégré de grandes écoles. Un résultat plus qu'encourageant !

Le Point Afrique : Vous parliez plus tôt de votre désir de créer un lien entre ville et théâtre. En Allemagne, les théâtres sont ancrés dans la société au point d'accueillir des migrants dans leurs murs. Que pensez-vous de ce type d'action ?

Les théâtres possèdent de nombreux équipements qui peuvent être utiles aux migrants. Pourquoi ne pas les mettre à disposition ? Je pense par contre que nous ne pouvons pas nous charger seuls de ces actions qui ne font pas partie de nos missions prioritaires. Comme en Allemagne, un accompagnement par des associations spécialisées me semble indispensable. Il est aussi important de réfléchir à notre possible apport artistique. Le théâtre est notre objet, et c'est avec lui que nous sommes susceptibles d'être les plus utiles à la société.

(1) La Maison de la Culture de Seine-Saint-Denis à Bobigny, plus communément appelée MC93 Bobigny, est une salle de spectacle importante de la région parisienne dont l'activité principale est principalement orientée vers la création et la présentation de spectacles de théâtre français et international mais aussi de danse, d'opéra et de musique. Le département de la Seine Saint-Denis, au nord de Paris, a une nombreuse population d'origine étrangère, notamment issue d'Afrique (y compris Maghreb).

(2) Une résidence artistique désigne l'octroi temporaire, par une institution publique ou privée, d'un espace à un artiste (ou un groupe d'artistes, par exemple une compagnie de théâtre ou un orchestre symphonique), afin de favoriser la création et l'exposition d'œuvres d'art, ou l'élaboration de spectacles vivants ou filmés. Elle peut consister aussi, outre l'accueil en un lieu, à la fourniture par une structure culturelle de moyens techniques, administratifs et/ou financiers à ces artistes.

Répondez aux questions en écrivant la bonne réponse ou en écrivant l'information demandée (dans ce cas, formulez votre réponse avec vos propres mots ; ne reprenez pas de phrases entières du document, sauf si cela vous est précisé dans la consigne). Attention : les questions de la rubrique A portent sur l'ensemble du texte, les questions des rubriques B, C et D uniquement sur la partie du texte indiquée.

A. Questions sur l'ensemble du texte

1. Hortense Archambault (*soulignez la bonne réponse*)   *1,5 point*

A. a été nommée directrice du festival D'Avignon en 2013

B. dirige un projet de rénovation culturelle d'un théâtre actuellement fermé

C. est auteur de pièces de théâtre sur le thème de la diversité

D. est l'architecte qui dirige la rénovation du hall de la MC93

2. Dans ce texte, Hortense Archambault   *(soulignez la bonne réponse)*   *1,5 point*

A. explique comment évolue actuellement l'art théâtral de l'Afrique et du Maghreb

B. développe le concept de ce que doit être le théâtre français dans ce département

C. argumente en faveur d'un retour aux classiques français par les couches populaires

D. décrit les projets de la MC93 qu'elle veut programmer au Festival d'Avignon

B. Questions sur la première partie

3. Donnez 3 titres d'oeuvres programmées par la MC93 qui correspondent au catégories du tableau ci-dessous   *3 points*

Catégorie	Titre de l'oeuvre
Migration et diversité	
danse	
Théâtre épique africain	

4 Vrai ou faux ? Citez une phrase pour justifier chacune de vos réponses   *3 points*

	VRAI	FAUX	On ne sait pas
1. H. Archambault est en faveur d'un théâtre communautariste			
2. Pour elle, le théâtre français actuel est bien ancré dans les réalités sociales			
3. Elle veut programmer des œuvres de tous les horizons			

Citation1
_____

Citation2
_____

Citation3
_____

    Expliquez avec vos propres mots ce qu'est « la fabrique d'expériences »   *2 points*

_____

_____

_____

_____

≠. Questions sur la deuxième partie

6. Quelles objections H. Archambault fait-elle au travail du collectif « Décoloniser les arts ? » (soulignez la bonne réponse)   *2 points*

A. Ils ne veulent considérer que les artistes « racisés »

B. ils ne veulent pas prendre en compte la question raciale dans leur démarche

C. leur approche est trop communautariste

D. leur approche n'est pas assez populaire

7. Citer la phrase qui montre que H. Archambault croit que le théâtre devra s'orienter vers un mélange des origines   *1,5 points*

_____

8. Vrai ou faux ?   *1,5 points*

	VRAI	FAUX
La MC93 ambitionne d'apporter un théâtre de grande qualité aux gens modestes		
Le théâtre aujourd'hui doit refléter la lutte des classes, qui intéresse les habitants		
Le théâtre doit refléter la diversité en prenant la culture française comme base		

9. Pourquoi H. Archambault veut-elle faire une place importante à l'art africain ? *1 point*

_____
_____

10. Expliquez brièvement avec vos propres mots pourquoi Hortense Archambault apprécie particulièrement l'art de Dieudonné Niangouna   *1 point*

_____

_____

D. Questions sur la troisième partie

11. Qu'a décidé de faire la MC93 en réaction aux attentats ?   *1 point*

_____

_____

12. Soulignez les deux propositions correctes   *2 points*

A. Le public associé au processus de création est composé en majorité de jeunes du département

B. La MC93 consulte les habitants sur la façon d'utiliser le hall de la salle de théâtre

C. Ce sont les personnes venues d'Avignon qui décideront de l'architecture finale

D. La MC93 dispense des cours de communication pour intéresser les habitants

E. les groupes de spectateurs associés reflètent parfaitement la population de la Seine-Saint-Denis

13. Qu'est-ce que la classe « égalité des chances ? »   *1 point*

_____

14. Vrai ou faux ?   *3 points*

	VRAI	FAUX
H. Archambault approuve les salles de théâtre allemandes qui hébergent les réfugiés		
H. Archambault souhaite faire la même chose à la MC93		
H. Archambault pense que la MC93 sera plus efficace en s'occupant plutôt de théâtre que d'humanitaire		

Partie 3

PRODUCTION ECRITE

25 points

- **Exercice 1 : Synthèse de documents**   *13 points*

Vous ferez une synthèse des documents proposés, en 220 mots environ (fourchette acceptable : de 200 à 240 mots). Pour cela, vous dégagerez les idées et les informations essentielles qu'ils contiennent, vous les regrouperez et vous les classerez en fonction du thème commun à tous ces documents, et vous les présenterez avec vos propres mots, sous forme d'un nouveau texte suivi et cohérent. Vous pourrez donner un titre à votre synthèse.

Attention :

- vous devez rédiger un texte unique en suivant un ordre qui vous est propre, et en évitant si possible de mettre deux ou trois résumés bout à bout ;

- vous ne devez pas introduire d'autres idées ou informations que celles qui se trouvent dans les documents, ni faire de commentaires personnels ;

- vous pouvez bien sûr réutiliser les « mots-clés » des documents, mais non des phrases ou des passages entiers

- vous indiquerez le nombre de mots utilisés dans votre synthèse sur la ligne prévue à cet effet à la fin.

Document 1

La pollution de l'air coûte 225 milliards de dollars à l'économie mondiale

D'après *Le Monde*, 8 septembre 2016

La pollution atmosphérique est responsable d'un décès sur dix dans le monde, six fois plus que le paludisme. Un fléau sanitaire qui entraîne un colossal manque à gagner pour l'économie mondiale : 225 milliards de dollars (199 milliards d'euros) de pertes de revenus par an. En publiant, jeudi 8 septembre, une évaluation du fardeau financier que fait peser la mauvaise qualité de l'air, la Banque mondiale cherche à susciter un sursaut.

La pollution de l'air extérieur, notamment due aux particules fines, a tué 2,9 millions de personnes en 2013, selon les derniers chiffres publiés, jeudi, par l'institution internationale, en collaboration avec l'Institute for Health Metrics and Evaluation (IHME). Si l'on y ajoute les effets de la pollution dans les foyers – notamment ceux de l'utilisation de combustibles solides pour se chauffer et cuisiner –, le nombre de morts s'élève à 5,5 millions. Au final, la pollution est le quatrième facteur de décès prématuré dans le monde, et 87 % de la population sur la planète est plus ou moins exposée aux pathologies qu'elle entraîne (maladies cardiovasculaires, cancers des poumons, maladies pulmonaires chroniques, infections respiratoires).

« Le coût économique de la mortalité prématurée lié à ce fléau appelle à agir vite », martèle la Banque mondiale dans son rapport. D'autant que depuis 1990, ce coût n'a cessé de croître, en dépit du développement économique des pays et des progrès réalisés en matière de santé. Si les jeunes enfants et les personnes âgées en sont les premières victimes, les effets délétères de la pollution n'épargnent aujourd'hui pas la population en âge de travailler et ont dès lors aussi de lourdes retombées en termes de pertes de revenus du travail, qui se sont accrues de 40 % entre 1990 et 2013.

Pour marquer encore davantage les esprits, la Banque mondiale a aussi cherché à mesurer le coût des impacts de la pollution en termes de bien-être. Elle a pour cela évalué le coût des compromis que les individus sont prêts à réaliser pour réduire le risque de mourir prématurément. Comme, par exemple, la réduction des activités sportives ou de la consommation, qui se traduit par autant de recettes en moins pour l'économie des pays. Au final, ce coût de la pollution de l'air s'élèverait à 5 110 milliards de dollars (4 543 milliards d'euros) par an.

Efforts insuffisants

En Asie orientale-Pacifique et en Asie du Sud, ces pertes en termes de bien-être se sont fortement accrues (de près de 80 %) depuis 1990 et atteignent aujourd'hui respectivement l'équivalent de 7,5 % et 7,4 % du PIB. En Europe-Asie centrale et en Amérique du Nord, bien que légèrement en recul, elles représentent encore l'équivalent de 5 % et 3 % du PIB. C'est en Amérique latine et en Afrique du Nord qu'elles se révèlent en fait les moins lourdes, s'élevant respectivement à 2,4 % et 2,5 % du PIB.

« Il est difficile de dire précisément pourquoi ces coûts sont plus bas dans telle ou telle région. Mais une chose est sûre, relève Urvashi Narain, économiste de l'environnement au sein de la Banque qui a coordonné l'étude. En Amérique latine comme dans la région Afrique du Nord - Moyen-Orient, on a constaté de grands progrès dans la lutte contre la pollution intérieure, avec notamment des efforts pour favoriser l'accès à des combustibles plus propres pour cuisiner. »

A ce coût, déjà colossal, s'ajoutent encore les coûts de la maladie (1 400 milliards d'euros en Europe chaque année), les pertes de compétitivité, la baisse de la productivité agricole… « Ces coûts additionnels, non pris en compte dans cette étude, rendent d'autant plus urgente la nécessité d'agir pour réduire la pollution », relève la Banque mondiale. Et d'insister : « La persistance des effets délétères de la pollution montre que les efforts pour améliorer la qualité de l'air n'ont pas été suffisants et que réduire les coûts de ce fléau exige une action plus ambitieuse. »

Document 2

L'air est-il un produit de luxe?

D'après *L'Opinion*, 14 novembre 2016

Selon l'OMS, 92% de la population mondiale respire un air de mauvaise qualité, responsable de 7 millions de décès prématurés par an, faisant de la pollution de l'air le principal risque environnemental pour la santé dans le monde. Face à ces chiffres alarmants, il est évident que les catégories les plus aisées vont chercher à protéger leur santé contre ce fléau. L'air, défi écologique du XXIe siècle et bien commun par excellence, est-il en train de devenir un produit de luxe ?

Il existe aujourd'hui une forte inégalité d'accès à l'air pur entre pays riches et pays pauvres. Quand l'Unicef affirme dans un rapport publié le 31 octobre que 300 millions d'enfants dans le monde, soit un sur sept, respirent un air très toxique, cela cache évidemment de fortes disparités géographiques. Sur les 2 milliards d'enfants dans le monde qui respirent un air ne respectant pas les normes acceptables établies par l'OMS, l'Asie du sud en compte en effet 620 millions, l'Afrique 520 millions et l'Asie de l'est et le Pacifique 450 millions. Le recours massif aux énergies fossiles ainsi qu'au charbon et au bois, utilisés pour cuisiner ou se chauffer, lie inévitablement leur modèle de développement et leurs modes de vie à des taux dangereux de pollution de l'air.

Marché grand public.

Evidemment, les populations les plus aisées de ces pays très exposés ont les moyens de se protéger plus efficacement contre ce fléau et, évidemment, la pollution de l'air concerne aussi les pays les plus riches, rendant cette segmentation géographique schématique. Tout nous invite cependant à penser que l'air pur pourrait s'apparenter à un produit de luxe…

C'est sans compter sur les prémices de la formation d'un marché grand public de la purification de l'air intérieur. Ce marché était jusqu'à il y a quelques années uniquement destiné aux professionnels, réservé aux lieux où la propreté de l'air est un prérequis, comme les hôpitaux ou les salles blanches. La révolution technologique a depuis rendu possible le développement de capteurs miniaturisés à moindre coût. La diffusion de la data air et les objets connectés ont permis aux individus d'avoir accès à l'information sur leur niveau d'exposition à la pollution. La technologie et l'information ont donc fait naître un besoin et un marché grand public du traitement de l'air intérieur.

Il est encore très atomisé, il pèse déjà entre 4 et 5 milliards de dollars selon les acteurs du secteur (pour les purificateurs portables). La gamme des produits, les technologies utilisées et les fourchettes de prix sont très larges et encore relativement complexes. Mais ce qui est certain, c'est que le taux d'équipement des ménages en purificateurs d'air s'est envolé dans les pays les plus exposés comme la Chine ou l'Inde et qu'il commence à décoller dans le reste du monde.

Attitude structurante.

Face à des individus aujourd'hui informés sur leur niveau d'exposition à la pollution de l'air et sur les risques qu'ils encourent pour leur santé, les autorités nationales et supranationales adaptent elles aussi leur comportement. Elles sont appelées à jouer un rôle nouveau de régulateur et de protecteur des populations face à cette menace. Cette nouvelle attitude structurante est elle aussi favorable au développement d'un marché grand public de la purification de l'air, censé démocratiser l'accès au produit de luxe qu'est l'air pur.

Nombre de mots _____

■ **Exercice 2 : Essai argumenté** *12 points*

Vous écrivez un bref article dans votre journal local pour évoquer ce que vous inspire la possibilité de l'accès payant à l'air pur dans le monde à l'avenir du fait de la défaillance des autorités publiques à contrôler la pollution de l'air (250 mots environ)

Nombre de mots _____

ÉPREUVE DE PRODUCTION ORALE

25 points

Préparation : 60 minutes

Passation : 30 minutes environ

■ **Consignes pour les candidats**

Cette épreuve se déroulera en deux temps :

1. **Exposé**

À partir des documents proposés, vous préparerez un exposé sur le thème indiqué, et vous le présenterez au jury.

Votre exposé présentera une réflexion ordonnée sur ce sujet. Il comportera une introduction et une conclusion et mettra en évidence quelques points importants (3 ou 4 au maximum)

Attention :

Les documents sont une source *documentaire* pour votre exposé.

Vous devez pouvoir en exploiter le contenu en y puisant des pistes de réflexion, des informations et des exemples, mais vous devez également introduire des commentaires, des idées et des exemples qui vous soient propres afin de construire une véritable *réflexion personnelle*.

En aucun cas vous ne devez vous limiter à un simple compte-rendu des documents.

2. **Entretien**

Le jury vous posera ensuite quelques questions et s'entretiendra avec vous à propos du contenu de votre exposé.

Document 1

Examens: ces étudiants qui se dopent pour faire face

D'après le Figaro.fr, 5/06/2014

Leur nombre est difficile à évaluer avec précision, mais le phénomène est bien réel: de nombreux étudiants ont recours à des dopants pour tenter d'augmenter leurs performances scolaires. Si peu d'études fiables ont été réalisées en France à ce sujet, on dispose tout de même de quelques chiffres. Un quart des répondants à la grande étude de santé des étudiants i-share ont ainsi déclaré prendre des produits «pour l'aide à la concentration en période d'examens», sans distinction entre homéopathie, médicaments en vente libre ou réels psychostimulants.

Nombreux sont les étudiants à se tourner vers des médicaments en vente libre, comme le fameux Guronsan, à base de caféine et de vitamine C. «En période d'examens, j'en prends tous les jours», témoigne Léa, étudiante en deuxième année de sciences politiques. «C'est avant tout pour me rassurer dit-elle. Mais tout le monde le fait!»

Chez les étudiants anglo-saxons, c'est la prise de médicaments détournés de leur usage premier, comme le modafinil, normalement utilisé dans le traitement de la narcolepsie, ou la ritaline, prévue pour réguler l'hyperactivité, qui inquiète. Mais selon François Beck, directeur de l'OFDT (Observatoire français des drogues et des toxicomanies), plus que la nature même des substances consommées, c'est le phénomène qui peut se révéler préoccupant. «Plus que le produit, c'est la démarche qui fait la différence, explique-t-il. Quelqu'un qui consomme à outrance de la caféine fortement dosée, par exemple, peut être dans un comportement proche d'une pratique addictive.»

Tachycardie et hypertension en période d'examens

Mais en France aussi, une consommation de médicaments détournés de leur usage premier existe, et reste taboue. Réalisée auprès de 200 étudiants en médecine en 2011, une étude menée par ce médecin indique que 7 % d'entre eux consommaient des dopants, ritaline et modafinil en tête.

«Tout est dans le non-dit, mais le phénomène existe et les études montrent qu'il se développe également en Europe», précise-t-il. Prescriptions détournées ou achat sur Internet, «les jeunes sont informés», dit-il. Pourtant, ce médecin se veut très clair: les psychostimulants, «ça ne marche pas». «Il y a effectivement une augmentation de la vigilance et du temps d'éveil, mais rien qui soutienne l'idée d'une amélioration des performances». A l'inverse, cette prise de médicaments détournés de leur usage premier n'est pas sans risque. «Aux États-Unis, où le phénomène est très commun, on constate une hausse des admissions aux urgences pour tachycardie et hypertension de l'ordre de 15 à 20 % chez les jeunes en période de pré-examens», illustre le neurobiologiste.

Confusion entre temps d'éveil et qualité de l'apprentissage

Pour ce qui est de substances en vente libre, c'est pareil: rien ne permet de parler d'amélioration des performances. «Là encore, il y a une confusion entre temps d'éveil et qualité de l'apprentissage», explique Hervé Chneiweiss. En clair, ce n'est pas parce que l'on reste debout plus longtemps que l'on apprend mieux, au contraire.

«Il y a une réelle pression à la réussite scolaire, dont découle un stress important», résume François Beck. Et le phénomène commence tôt: à 18 ans, plus de 38 % des filles et 22 % des garçons déclarent avoir déjà pris un produit pour améliorer leurs performances scolaires ou intellectuelles, selon une étude réalisée en 2002 par l'OFDT. S'il débute avec les premières échéances importantes, dès le lycée ou à l'université, il ne disparaît pas forcément une fois les études terminées. «On le voit dans de nombreux travaux de sociologie, comme ceux d'Alain Ehrenberg, l'individu est de plus en plus amené à se distinguer, avec la performance comme valeur cardinale», témoigne François Beck. Ainsi, dans le monde professionnel, la pratique existe également, et même si les produits sont parfois différents, les pilules préférées des étudiants se retrouvent aussi dans les quartiers d'affaires.

Document 2

Un tiers des futurs médecins se "dope" pour tenir le coup

Sciences et Avenir, 27/05/2016

DOPAGE. Il est connu que les études de médecine sont particulièrement longues et éprouvantes, avec une masse de connaissances à engranger et des horaires à rallonge. Pour tenir le coup, certains étudiants auraient recours à des psychostimulants de toute sorte, au mépris des risques encourus. C'est ce que révèle une étude publiée dans Medicine menée par l'équipe Inserm U955 du CHU de Créteil.

Ritaline, corticoïdes et stupéfiants au menu

Entre avril et juillet 2015, période sensible des examens, un email a été envoyé par l'équipe de l'Inserm aux associations d'étudiants en médecine. Les étudiants volontaires devaient y détailler, anonymement, leurs habitudes de consommation de psychostimulants ainsi que leurs motivations. Un psychostimulant est une substance que l'on prend pour augmenter son fonctionnement cognitif. Dans cette pharmacopée particulière, on trouve des molécules vendues sur le marché, comme les pilules de caféine et les boissons énergisantes. Mais aussi des médicaments sur ordonnance, comme le méthylphenidate (Ritaline, prescrit pour le trouble de l'attention avec ou sans hyperactivité), les corticoïdes (anti-inflammatoires), le modafinil (contre l'hypersomnie) et le piracetam (contre les troubles de l'équilibre et de la mémoire chez le sujet vieillissant). Enfin, les molécules illicites, amphétamines et cocaïne. 1718 étudiants d'une moyenne d'âge de 27 ans ont répondu au questionnaire. Résultat des courses ? Un tiers des étudiants en médecine a recours à des psychostimulants ! 29,7 % absorbent des produits en vente libre. 6,7 % ont recours à des médicaments sur ordonnance. Et 5,2 % à des drogues illicites.

Pic de consommation en période de concours

La plupart des utilisateurs consomment les substances lors des examens. C'est ainsi que l'on voit des pics de consommation les 1ère et 6e années, périodes de concours sélectifs où la tension est maximale. "Les motifs invoqués sont l'augmentation des performances et la lutte contre la privation de sommeil", note Guillaume Fond.

"On peut aisément faire le parallèle avec du dopage sportif, poursuit Guillaume Fond. A ceci près que lors des examens il n'y aucun contrôle pour déterminer si l'étudiant a pris des psychostimulants." Pas de contrôle et pourtant de véritables risques. Les corticoïdes, notamment, semblables au cortisol - l'hormone du stress sécrétée par les glandes surrénales - peuvent avoir de sérieux effets secondaires. "Ils stimulent l'organisme à court terme certes mais en contrepartie dérèglent pas mal de mécanismes notamment endocrinologiques. En outre, on a également constaté dans quelques cas des effets psychiatriques comme le déclenchement de troubles bipolaires."

Un dopage efficace ?

A qui s'adresse cette étude ? "On cherche la source de ces comportements pour ouvrir une réflexion chez les professeurs, note le psychiatre. Il faudrait peut-être revoir la masse de connaissances qu'on demande aux étudiants de retenir et les horaires." L'équipe Inserm propose également de mettre en place un observatoire qui, lors d'une visite médicale par exemple, permettrait de recueillir les témoignages des futurs médecins afin de suivre l'évolution du phénomène chaque année. "On souhaiterait aussi élargir l'étude aux autres universités, non médicales, en architecture par exemple, voir si l'accès (des jeunes médecins) aux substances est un facteur déterminant." Une autre étude reste à faire aussi : mesurer les performances aux examens, avec ou sans psychostimulants, pour révéler leur impact qui, pour l'instant, n'est pas prouvé.

Document 3

Les pilules de la réussite, dopage ou placebo ?

D'après l'Obs avec Rue 89, 17/11/2011

A l'approche des examens, les devantures des pharmacies se parent de boîtes magiques. Selon une enquête de l'Observatoire national de la vie étudiante (OVE), réalisée en 2006 sur la consommation de remontants ou de stimulants, un étudiant sur cinq (16%) déclare prendre des substances qui permettraient d'agir sur ses capacités intellectuelles.

Selon l'OVE, les étudiants des filières médicales sont les plus friands de ces « pratiques dopantes » (25%), devant les classes préparatoires aux grandes écoles (22%), et les élèves en sciences politique et droit (20%).

Une pharmacopée en ventre libre sur le Net

Pour satisfaire la quête des étudiants, il existe des remèdes :

- Lutte contre la fatigue : vitamines, compléments alimentaires, produits anti-asthéniques à base de vitamines, minéraux, acides aminés et autres.
- Plus rares sont ceux qui consomment des stupéfiants, type cocaïne.
- Augmentation des capacités de concentration et de mémorisation : adrafinil, contre les troubles de l'attention et de la vigilance chez la personne âgée, losartan contre l'hypertension artérielle, ginkgo biloba contre le déficit pathologique cognitif du sujet âgé.

- Lutte contre l'anxiété : valériane, aubépine, ballote.

Les forçats de la copie ne prennent pas toujours la peine de consulter un médecin pour se procurer ces smart drugs (« drogues » intelligentes). Leur accès est facile pour les étudiants en médecine. Pour les autres, il y a Internet. « Ces sites, dont la plupart sont répertoriés à l'étranger, sont incontrôlables », déplore Denis Richard, pharmacologue à l'hôpital Henri-Laborit de Poitiers.

Pourtant, « aucune étude ne démontre que la prise de ces substances améliore les facultés intellectuelles », reconnaît Patrick Laure :

 « *Même si l'étudiant ressent des effets sur lui, il n'atteindra pas forcément son objectif : valider son examen. L'effet placebo est essentiel : si l'étudiant est persuadé que la poudre de perlimpinpin a contribué à valider son examen, il récidivera. On est dans le domaine de la croyance.* »

Pour tenir le rythme, un thésard en droit à la Sorbonne, qui cumule deux jobs, explique qu'il se concocte des cocktails « magiques » : un Redbull (boisson énergisante), agrémenté de deux cachets de ProPlus (à base de Guronsan) et d'un café. Malheureusement, « le corps s'accoutume et il faut augmenter les doses régulièrement », souligne l'étudiant. Un comportement risqué ?

Dan Velea, psychiatre et addictologue à Paris, rencontre des étudiants en consultation :

 « La prise de psychostimulants peut rendre irritable, violent, voire introverti. Dans les cas les plus graves (cocaïne), une cure de désintoxication est nécessaire. »

Peut-on parler de véritable dopage au même titre que les sportifs ? Pour Patrick Laure, « le dopage, c'est d'abord un comportement : prendre un produit, quel qu'il soit, pour passer l'obstacle, en l'occurrence l'examen ».

Ce dopage est parfaitement légal, et, selon Dan Velea, « encouragé par une société toujours plus exigeante en matière de performance. En sport, au lit, au travail, dans les études. Cette pression crée une anxiété dont découlent les pratiques dopantes ».

TEST 5

Partie 1

COMPRÉHENSION DE L'ORAL

25 points

■ **Exercice 1**

Vous allez entendre deux fois un enregistrement sonore de 6 minutes environ.

- *Vous aurez d'abord 3 minutes pour lire les questions.*
- *Puis vous écouterez une première fois l'enregistrement*
- *Vous aurez ensuite 3 minutes pour commencer à répondre aux questions*
- *Vous écouterez une deuxième fois l'enregistrement.*
- *Vous aurez encore 5 minutes pour compléter vos réponses*

Vous pouvez prendre des notes pendant les deux écoutes

1. Soulignez les <u>deux</u> bonnes propositions   *1 point*

A. La jeune femme interviewée est une romancière

B. La jeune femme interviewée est une Book Tubeuse

C. La jeune femme interviewée est une éditrice

D. La jeune femme interviewée est une critique littéraire

E. La jeune femme interviewée est une libraire

2. Pour quelle raison a-t-elle commencé cette activité à l'origine?   *2 points*

_____

3. Vrai ou faux ?   *1 point*

	VRAI	FAUX
La jeune femme interviewée a commencé à lire très tôt		

4. Comment a-t-elle commencé à s'intéresser à la lecture ?   *2 points*

_____

_____

5. Soulignez la proposition correcte   *1 point*

A. La lecture n'a rien changé à sa vie

B. Elle vient d'une famille où on lisait beaucoup

C. A l'école, elle détestait les livres imposés

D. Elle a poussé son entourage à lire

6. Vrai, faux, ou on ne sait pas ? Selon la jeune femme interviewée :   *3 points*

	VRAI	FAUX	On ne sait pas
La lecture permet de visiter beaucoup de nouveaux mondes			
La lecture permet d'élargir sa culture générale			
La lecture permet de trouver un bon métier			
La lecture est une activité moins intéressante que regarder un film			
La lecture permet de s'ouvrir l'esprit			
La lecture peut être mauvaise pour le moral			

7. Pour quelle raison, selon la jeune femme interviewée, les jeunes ne lisent-ils pas ? *2 points*

_____

_____

_____

8. Soulignez les deux propositions correctes   *2 points*

A. En France, les gens pensent qu'un vrai livre est forcément un classique

B. Les enseignants veulent tous faire lire aux élèves uniquement des classiques comme Zola

C. *Harry Potter* est aussi respecté en France que les classiques comme Zola

D. La jeune femme ne lit que des classiques car elle a peur du jugement social

E. La jeune femme pense que la culture du livre ne favorise pas la lecture chez les jeunes

9. Quelle idée illustre l'exemple de Jane Austen choisi par la jeune femme interviewée ? *2 points*

_____

_____

10. Vrai ou faux ? *1 point*

	VRAI	FAUX
La jeune femme interviewée pense que son activité bouscule l'institution littéraire en France		
La jeune femme interviewée estime qu'elle est là pour donner des idées aux gens		

11. Quelle différence la jeune femme interviewée établit-elle entre son objectif et celui des Prix Littéraires ? *2 points*

_____

_____

■ Exercice 2

Vous allez entendre <u>une seule fois</u> plusieurs courts extraits radiophoniques.

Pour <u>chacun des extraits</u>,

- Vous aurez entre 20 secondes et 50 secondes pour lire les questions.

- Puis vous écouterez l'enregistrement.

- Vous aurez ensuite entre 30 secondes et 1 minute pour répondre aux questions.

➢ **Document 1**

1. La personne interviewée est (soulignez la bonne réponse)   *1 point*

A. un historien

B. un écrivain

C. un touriste

D. un musicien

2. Selon lui, que voulaient les millions d'africains qui sont partis de Gorée ?   *1 point*

_____

3. Selon lui, y sont-ils parvenus ? Par quel moyen ?   *1 point*

_____

➢ **Document 2**

1. Le sujet de cette intervention est *(soulignez la bonne réponse)* *1 point*

A. l'esprit de fraternité en France

B. les risques judiciaires du délit de solidarité

C. les bénévoles en France

D. la justice fiscale

E. les taxis et les VTC

2. La personne qui s'exprime (soulignez les <u>deux</u> réponses correctes)   *2 points*

A. pensent que les gens qui enfreignent la loi par solidarité ont raison

B. Les français acceptent bien l'impôt en raison de l'esprit de solidarité

C. il faut mettre un terme à l'immigration

D. La redistribution est une manifestation de la fraternité

E. Il n'y a pas assez de bénévoles en France

Partie 2

COMPRÉHENSION DES ECRITS

25 points

De l'art d'ignorer le peuple

D'après le Monde Diplomatique, octobre 2016

Première partie

Par un retournement spectaculaire, dans nos démocraties modernes, ce ne sont plus les électeurs qui choisissent et orientent les élus, ce sont les dirigeants qui jugent les citoyens. C'est ainsi que les Britanniques ont subi une psychanalyse sauvage à la suite du « Brexit » du 23 juin 2016. On peut avancer, sans craindre de se tromper, qu'une telle opération de jugement du peuple — réalisée presque entièrement à charge avec orchestration médiatique — n'aurait pas été effectuée si le scrutin avait conclu au maintien du Royaume-Uni dans l'Union européenne. Le principe d'une consultation populaire sur « un sujet aussi important » n'aurait pas davantage été questionné.

On le sait : un principe à géométrie variable n'est pas un principe, c'est un préjugé. Le jugement des élites sur le résultat du référendum du Brexit peut être analysé de deux manières : mépris de classe ou haine de la démocratie. Le premier sentiment dégouline assurément de la bouche du toujours subtil Alain Minc : « *Ce référendum n'est pas la victoire des peuples sur les élites, mais des gens peu formés sur les gens éduqués .* » À aucun moment l'idée n'effleure la classe dirigeante que les citoyens rejettent les traités européens non pas parce qu'ils seraient mal informés, mais parce qu'au contraire ils tirent des leçons tout à fait logiques d'une expérience décevante de près de soixante ans.

Le second sentiment dépasse le clivage de classe ; il est philosophique. C'est la démocratie elle-même qui est contestée au travers des coups portés à deux idées cardinales : d'une part, que « la volonté du peuple est le fondement de l'autorité des pouvoirs publics » (article 21, alinéa 3 de la Déclaration universelle des droits de l'homme) ; d'autre part, que tous les membres du corps social sont citoyens et concourent à la formation de la volonté générale, quels que soient leur origine ou leur statut social. C'est cette philosophie imposée par des siècles de luttes sociales et politiques qui fait aujourd'hui l'objet d'une offensive idéologique de grande ampleur à la faveur des impératifs de la construction européenne.

Ceux qui, comme l'ancien premier ministre Alain Juppé (Les Républicains), estiment que les « conditions » ne sont pas réunies pour un référendum en France sur les questions européennes , ou qui, comme le premier ministre socialiste Manuel Valls, qualifient d'« apprentis sorciers » les personnes souhaitant une telle consultation , dévoilent leur véritable préoccupation : comme la classe dirigeante n'est pas assurée d'une réponse positive, elle préfère ne pas consulter les électeurs. Ainsi, on gouverne sans le soutien du peuple, au moment même où on organise, traité après traité, des transferts de souveraineté de plus en plus importants à Bruxelles. Parmi les plus déterminants figurent les pouvoirs monétaire et budgétaire.

L'Union européenne agit comme le révélateur d'une délégitimation de la démocratie, également à l'œuvre à l'échelle nationale. Il ne s'agit plus d'une crise, mais d'un changement progressif de régime politique dont les institutions de Bruxelles constituent un laboratoire. Dans ce système, nommé « gouvernance », le peuple n'est que l'une des sources de l'autorité des pouvoirs publics, en concurrence avec d'autres acteurs : les marchés, les experts, la « société civile ». On connaît le rôle stratégique attribué au règne des « experts » par les rédacteurs des traités communautaires : la Commission, avec ses commissaires « indépendants » choisis pour leurs « compétences », est la « gardienne des traités » en lieu et place des organes politiques comme le Conseil des ministres ou le Parlement européen. Si cette clé de voûte des institutions de Bruxelles fait régulièrement l'objet de critiques acerbes, il n'en est pas de même de la « société civile », dont le rôle grandissant contribue pourtant, lui aussi, à contourner la démocratie.

Deuxième partie

Instrumentalisation de la « société civile »

Entré en vigueur en 2009, l'article 11 du traité de Lisbonne recommande aux institutions européennes d'entretenir « un dialogue ouvert, transparent et régulier avec les associations représentatives et la société civile ». Appelée en renfort pour combler le « déficit démocratique », la « société civile » fait l'objet d'une définition très large pouvant se prêter à toutes sortes d'interprétations : acteurs du marché du travail, organisations non gouvernementales (ONG), organisations dites « de base », communautés religieuses. On peut donc y trouver des syndicats et des associations très progressistes, mais aussi des groupes de pression et des groupes d'intérêts particuliers, des groupements patronaux, des cabinets d'experts, voire des sectes, etc. La « société civile » ne repose en effet sur aucun critère de représentativité ou de légitimité. De forme et de taille indéfinies, elle est aussi le règne de l'inégalité puisque ses acteurs disposent de moyens financiers et d'influences extrêmement variables, suivant les intérêts qu'ils défendent.

« Depuis le milieu des années 1990, explique la sociologue Hélène Michel, "la société civile" est devenue un acteur à part entière du fonctionnement de l'Union européenne. Mieux, elle permet désormais de légitimer les institutions qui dialoguent avec elle, les politiques publiques qui la concernent et les agents qui s'en réclament. » Et elle ajoute : « Pourtant, ni le contenu de "la société civile" ni les formes de sa participation ne semblent stabilisés. Ce qui laisse place à des usages fort différents. » La Commission y choisit d'ailleurs ses interlocuteurs légitimés en fonction de ce qu'elle estime représentatif et pertinent, ce qui lui permet *in fine* de maîtriser un processus qui la conforte. Le traité constitutionnel européen, rejeté par référendum par le peuple français, n'était-il pas en partie le produit de la consultation de la « société civile » ? Le dialogue instauré avec la « société civile » par la direction de l'Union Européenne n'implique cependant aucun partage du pouvoir de décision. Par exemple, la consultation publique menée sur le grand marché transatlantique (en anglais : Tafta) de mars à juillet 2014 n'a, de manière significative, rien changé.

Or, si le mouvement associatif et syndical contribue de manière indispensable au progrès social, le concept de « société civile » transforme le rôle qu'il joue dans les rouages du pouvoir. À l'instar de l'expert dont la décision se substituerait à celle des décideurs publics, la « société civile », tout énigmatique qu'elle soit, devient le porte-parole autoproclamé des citoyens. Ce fonctionnement accorde une place considérable aux frénétiques de toutes les causes, relayés par les réseaux sociaux et des médias peu regardants, dont la représentativité prétendue est souvent mesurée par sondages (et non par élection). Et le vrai peuple dans tout ça ? Il n'est plus qu'un groupe de pression parmi d'autres, dont l'opinion s'exprime par le vote. Dans une Union européenne qui ne veut pas organiser de consultations électorales, ou qui en contourne le résultat quand celui-ci ne va pas dans le sens que désirent ses dirigeants, la partie n'est pas égale.

Troisième partie

Loin d'être purement technique, la gouvernance est un concept idéologique tiré de la science administrative anglo-saxonne, notamment américaine, contemporain de l'essor du néolibéralisme. Popularisé sous le terme de « bonne gouvernance », il vise à réduire le rôle et la taille de l'État, à l'extension du marché, à la « bonne gestion ».

Économie de marché, gouvernance et « société civile » relèvent du même corpus idéologique postdémocratique.

L'effacement de la souveraineté populaire au profit de la gouvernance explique la facilité avec laquelle les dirigeants européens, et notamment français, contournent le résultat des consultations électorales : à leurs yeux, leur propre légitimité ne viendrait qu'en partie des électeurs. Cela peut expliquer la stupeur provoquée chez les élites européennes par le comportement du Royaume-Uni, qui, non content de consulter son peuple sur la sortie de l'Europe, envisage de respecter sa volonté…

La crise de confiance qui affecte l'Union européenne, voire le rejet grandissant dont elle est l'objet, pourrait-elle trouver une solution dans la formation d'un « peuple européen » qui élirait ses représentants dans les institutions de Bruxelles ? Mais ceci suppose résolue la question préalable : les peuples nationaux acceptent-ils leur propre dissolution dans un ensemble plus grand ? Existe-t-il une « communauté politique européenne » reconnue comme telle par les habitants de l'Union, qui leur ferait accepter le verdict d'institutions communes gouvernées par le principe majoritaire ? Les résultats des derniers référendums (« Brexit » au Royaume-Uni, rejet par les Pays-Bas de l'accord d'association avec l'Ukraine) laissent penser que l'État-nation demeure, pour la plupart des peuples du Vieux Continent, le cadre légitime de la démocratie. Il y a donc un malentendu de taille entre les peuples et les dirigeants sur le siège de la souveraineté.

En prenant de front la souveraineté populaire, la gouvernance reformule la question démocratique telle qu'elle a émergé avec les Lumières au XVIIIe siècle. Les classes dirigeantes, qui se sont de nouveau habituées à gouverner entre elles (comme avant La Révolution Française) confondent de manière symptomatique « populisme » et démagogie. L'attention portée aux revendications populaires est perçue comme de la démagogie, tandis que la défense débridée des intérêts dominants , qu'ils pratiquent, est présentée par eux comme une exigence de la modernité. On peut raisonnablement penser qu'un contrôle plus étroit des peuples sur leurs gouvernements mènerait à des politiques tout autres que celles d'aujourd'hui. C'est pourquoi, comme en 1789, la démocratie, malgré ses imperfections, demeure une revendication proprement révolutionnaire, en France comme dans de nombreux pays de l'Union européenne, prisonniers de la gouvernance. Prétendre, comme le font les élites politiques actuelles, que le rétablissement de la primauté de la démocratie conduirait à des formes nouvelles de tyrannie et de démagogie revient à prêter aux citoyens des intentions plus noires que celles qui animent le personnel dirigeant et son mépris de classe.

Ces explosions qui viennent

La démocratie a toujours fait l'objet de débats politiques passionnés, la gauche accusant souvent ce régime « bourgeois » de nier la violence des injustices sociales en mettant en avant l' égalité théorique des citoyens. Il n'en demeure pas moins que le passage de la souveraineté du roi à celle de la nation était considéré, y compris par Karl Marx lui-même, comme allant dans le sens de l'histoire.

Dans l'Europe de ce début de millénaire, ce n'est pas le « peuple de gauche » qui se réveille, c'est le peuple tout court. C'est pourquoi le « non » était largement majoritaire en 2005 (référendum sur le traité constitutionnel européen), mais la gauche très minoritaire en 2007 (élection présidentielle). Ce n'est pas seulement la crise sociale, l'explosion des inégalités et des injustices qui aujourd'hui causent le mécontentement de plus en plus visiblement violent de la nation (1), mais tout autant les reculs de la souveraineté populaire qui les ont rendues possibles. (1747 mots)

(1) Voir le mouvement social de grande ampleur, avec grèves, manifestations et occupations, qui a eu lieu en France de mars à juin 2016

Répondez aux questions en écrivant la bonne réponse ou en écrivant l'information demandée (dans ce cas, formulez votre réponse avec vos propres mots ; ne reprenez pas de phrases entières du document, sauf si cela vous est précisé dans la consigne). Attention : les questions de la rubrique A portent sur l'ensemble du texte, les questions des rubriques B,C et D uniquement sur la partie du texte indiquée.

A. Questions sur l'ensemble du texte

1. Ce texte est *(soulignez la bonne réponse)*   *1 point*

A. un manifeste littéraire

B. une critique politique

C. un rappel historique

D. un texte satirique

2. Le sujet principal de ce texte est *(soulignez la bonne réponse)*   *2 points*

A. le problème des différents traités de l'Union Européenne

B. la rébellion des peuples européen contre la « dictature » de Bruxelles

C. le déficit démocratique révélé par la gouvernance de l'Union Européenne

D. les problèmes liés à la société civile

B. Première partie du texte

3. Comment ont réagi les dirigeants britanniques et les médias à la suite du référendum sur la sortie de la Grande-Bretagne de l'Union Européenne ?   *2 points*

_____

4. Vrai ou faux ? Justifiez chacune des réponses par une citation   *2 points*

	VRAI	FAUX
1. La classe dirigeante pense que le peuple vote contre l'Europe parce qu'il est ignorant		
2. L'auteur pense que les gens qui votent ainsi savent très bien ce qu'ils font		

Citation1
_____

Citation2
_____

    Soulignez la proposition correcte   *1 point*

A. Le statut de citoyen dépend de l'origine et du statut social

B. La philosophie de la Déclaration universelle des droits de l'homme est aujourd'hui attaquée par les classes dirigeantes

C. En votant contre l'Europe, les citoyens remettent en cause la démocratie

D. L'autorité des pouvoirs publics est totale et absolue une fois qu'ils sont élus

    Les dirigeants comme Alain Juppé et Manuel Valls sont-ils favorables ou opposés à des référendums sur les questions européennes ?   *1 point*

Ils sont favorables	
Ils sont opposés	

7. Pourquoi ?   (répondez avec vos propres mots)   *1 point*

_____

Soulignez deux propositions correctes parmi les suivantes   *1 point*

A. La façon l'Europe fonctionne montre qu'on est en train de sortir de la démocratie

B. l'auteur approuve le fait que le peuple n'est qu'un acteur parmi d'autres dans la démocratie

C. selon elle, La « société » civile est un des moyens de renforcer la démocratie

D. L'Europe révèle un glissement anti-démocratique qui se retrouve à l'échelle nationale

Deuxième partie du texte

Donnez trois exemples de composantes de la « société civile »   *1,5 point*

Selon l'auteur du texte, la « société civile » est-elle une instance démocratique? Justifiez votre réponse par une citation :   *1,5 points*

OUI	
NON	

Citation : _____

_____

11. Vrai ou faux ? Justifiez votre réponse par une citation   *1 point*

La Commission Européenne partage son pouvoir avec la « société civile »

VRAI	
FAUX	

Citation

_____

12. Soulignez les propositions correctes   *3 points*

A. La Commission Européenne choisit les interlocuteurs qui vont approuver ses décisions

B. La « société civile » a rejeté le référendum sur le traité consitutionnel européen

C. La Commission européenne a tenu compte des résultats de la consultation publique sur le Tafta

D. Selon l'auteur, la « société civile » ne représente pas le peuple

E. Selon l'auteur, le vote n'est plus à l'origine de la prise de décision

F. L'Europe organise souvent des consultations des électeurs, mais n'en tient pas compte

D. Troisième partie du texte

13. Vrai ou faux ? *1 point*

	VRAI	FAUX
La « gouvernance » n'est pas fondée sur des idées mais sur une approche technique de la gestion des affaires		

14. Avec vos propres mots, expliquez pourquoi les dirigeants européens ne tiennent pas compte du résultat des consultations électorales *2 points*

_____

_____

_____

15. Soulignez les propositions correctes. *3 points*

A. L'auteur pense que les peuples européens sont prêts à déléguer leur souveraineté à des représentants européens

B. Les peuples européens et leurs dirigeants se comprennent très bien

C. Les peuples d'Europe pensent que la démocratie est plus solide dans chaque nation qu'en Europe

D. Les classes dirigeantes ont bien compris la nature de la protestation des peuples lors des référendums

E. les classes dirigeantes pensent qu'écouter le peuple risque de donner des résultats dangereux

F. l'auteur pense que l'Europe serait très différente si on écoutait davantage le peuple

Vrai ou faux ? *1 point*

	VRAI	FAUX
Les injustices et les crise sociale causent plus de mécontentement chez les peuples que la perte de leur souveraineté		

Partie 3

PRODUCTION ECRITE

25 points

■ **Exercice 1 : Synthèse de documents** *13 points*

Vous ferez une synthèse des documents proposés, en 220 mots environ (fourchette acceptable : de 200 à 240 mots). Pour cela, vous dégagerez les idées et les informations essentielles qu'ils contiennent, vous les regrouperez et vous les classerez en fonction du thème commun à tous ces documents, et vous les présenterez avec vos propres mots, sous forme d'un nouveau texte suivi et cohérent. Vous pourrez donner un titre à votre synthèse.

Attention :

- vous devez rédiger un texte unique en suivant un ordre qui vous est propre, et en évitant si possible de mettre deux ou trois résumés bout à bout ;

- vous ne devez pas introduire d'autres idées ou informations que celles qui se trouvent dans les documents, ni faire de commentaires personnels ;

- vous pouvez bien sûr réutiliser les « mots-clés » des documents, mais non des phrases ou des passages entiers

- vous indiquerez le nombre de mots utilisés dans votre synthèse sur la ligne prévue à cet effet à la fin.

➢ **Document n°1**

Les personnes handicapées et le monde du travail

D'après *Synthèse*, novembre 2016

- Obligation d'emploi des travailleurs handicapés pour les entreprises de 20 salariés au moins

- Principe de non-discrimination

- Obligation de négocier des mesures relatives à l'insertion professionnelle

- Accessibilité généralisée des locaux

Tel est le cadre législatif fixé en faveur des travailleurs handicapés.

La loi du 10 juillet 1987 impose à l'ensemble des employeurs, parmi lesquels les administrations de l'État ainsi que les établissements publics à caractère scientifique, technologique ou culturel, une obligation d'emploi égale à 6% de l'effectif salarié au bénéfice des travailleurs handicapés.

La loi de 2005 pour l'égalité des droits et des chances, la participation et la citoyenneté des personnes handicapées pose le principe de non-discrimination des personnes handicapées en particulier dans le domaine de l'emploi, en promouvant l'accès aux dispositifs de droit commun et en faisant du travail **en milieu ordinaire** une priorité.

Toutefois, les personnes handicapées continuent à rencontrer de grandes difficultés pour trouver un emploi ou le conserver et leur taux de chômage reste deux fois supérieur à celui de la population générale (18% au lieu de 10%). Dès 2009, le rapport Busnel "*L'emploi, un droit à faire vivre pour tous*" soulignait la priorité à donner à la prévention de l'exclusion professionnelle et au maintien dans l'emploi. Aujourd'hui, le droit à un emploi en milieu ordinaire pour des personnes handicapées est encore loin d'être effectif.

Ceci est en grande partie dû à des clichés, des idées reçues, des préjugés sur le handicap en France, dont voici les principaux :

1) Les travailleurs handicapés seraient moins compétents et moins productifs que leurs collègues valides. Bon nombre d'entreprises restent réticentes à l'idée d'embaucher un travailleur handicapé pour cette raison. Alors que dans les pays anglo-saxons, on donne davantage d'opportunités aux travailleurs handicapés grâce à de meilleurs aménagements dans les entreprises et une meilleure sensibilisation au handicap dans la société civile.

2) Les gens en général, et donc les employeurs, s'imaginent qu'un handicap est toujours visible. Or sur 12 millions de Français touchés par le handicap, 80% ont un handicap **invisible**. En réalité, seuls 2 à 3% des travailleurs handicapés sont en fauteuil roulant ; mais un handicap invisible suscite la méfiance et la suspicion.

3) Il y a une crainte chez les employeurs, que le handicap ne cause des absences plus fréquentes que chez les employés valides. En réalité les statistiques montrent que les travailleurs handicapés ne sont pas plus absents que les autres.

4) Les employeurs redoutent également d'avoir à traiter un employé handicapé différemment des autres employés, d'être obligés de faire davantage attention à lui, alors que les travailleurs handicapés ne souhaitent qu'une chose : être traités exactement comme des personnes normales.

5) Enfin, certaines entreprises restent encore réticentes à l'idée de devoir aménager l'accessibilité de leurs locaux, ce qui a un coût. Or l'accessibilité dans les entreprises est une obligation légale pour les entreprises créées depuis 2007. Pour les locaux construits ou aménagés antérieurement, des travaux d'adaptation et d'aménagement peuvent être financés grâce à l'aide de l'État, à l'image du crédit à taux privilégié du Crédit coopératif. Malgré

cela, certaines entreprises préfèrent s'acquitter d'une taxe plutôt que d'employer des personnes handicapées.

➢ Document N°2

Au travail, les femmes handicapées doublement discriminées

D'après ELLE - 14 novembre 2016

« En France, 20 % des hommes handicapés trouvent un emploi. Ce taux tombe à 2 % pour les femmes. » Ce constat, c'est Maudy Piot, fondatrice de l'association « Femmes pour le dire, Femmes pour agir », qui le dressait dans une tribune publiée en mai 2014. Deux ans et demi plus tard, le rapport rendu par les équipes du Défenseur des droits vient rappeler que les discriminations s'ajoutent, et qu'être une femme handicapée, c'est faire face aux stéréotypes de genre, à ceux liés au handicap mais aussi à des difficultés spécifiques combinant les deux. Et que là également, femmes et hommes ne sont pas égaux. Qu'il s'agisse d'inactivité, d'accès à l'emploi, ou, le cas échéant, à des postes à responsabilités : elles sont doublement pénalisées, explique le rapport. Ce qui commence dès les parcours d'études, jusqu'à la retraite. « Les femmes en situation de handicap rencontrent des difficultés et des discriminations dans l'accès à l'emploi et dans leur carrière parce qu'elles sont femmes, parce qu'elles sont handicapées mais également des inégalités et discriminations spécifiques combinant genre et handicap. »

DES STÉRÉOTYPES À DÉCONSTRUIRE

Parmi les recommandations du Défenseur des droits, il est nécessaire de multiplier les « modèles positifs » de femmes handicapées, pour encourager toutes les autres à se projeter dans des filières d'études, des métiers, et des positions de pouvoir. « La mise en place de dispositifs de lutte contre les stéréotypes a tout intérêt à s'appuyer sur la "visibilisation" des femmes handicapées et notamment des modèles positifs pour lever l'autocensure chez les femmes. » Mais figure aussi parmi les propositions un réel travail de collecte de données sur les personnes handicapées, incluant notamment la prise en compte du sexe. « Parmi les 4 846 réclamations reçues par le Défenseur des droits en 2015 au titre de sa mission de lutte contre les discriminations, 8,3% des plaintes pour discrimination dans l'emploi sont liées au handicap et 3,1% sont liées au sexe et ces réclamants revendiquent très rarement une "double" discrimination », indique le rapport.

En août dernier, le Comité des droits des personnes handicapées, rattaché à l'ONU, faisait déjà un constat identique : « Trop souvent, les Etats n'honorent pas leurs obligations à l'égard des femmes et des filles handicapées, les traitant ou permettant qu'elles soient traitées comme des **objets de pitié sans défense, victimes d'hostilité et d'exclusion**, au lieu de leur donner les moyens de jouir de leurs droits et libertés fondamentaux ». Il est temps que ces stéréotypes soient également combattus.

Nombre de mots _____

■ **Exercice 2 : Essai argumenté**   *12 points*

Vous êtes responsable d'une association pour la promotion du travail des personnes handicapées et vous écrivez à un chef d'entreprise pour le convaincre d'embaucher des salariés handicapés représentés par votre association (250 mots environ)

Nombre de mots _____

ÉPREUVE DE PRODUCTION ORALE

25 points

Préparation : 60 minutes

Passage : 30 minutes environ

■ **Consignes pour les candidats**

Cette épreuve se déroulera en deux temps :

1. **Exposé**

À partir des documents proposés, vous préparerez un exposé sur le thème indiqué, et vous le présenterez au jury.

Votre exposé présentera une réflexion ordonnée sur ce sujet. Il comportera une introduction et une conclusion et mettra en évidence quelques points importants (3 ou 4 au maximum)

Attention :

Les documents sont une source *documentaire* pour votre exposé.

Vous devez pouvoir en exploiter le contenu en y puisant des pistes de réflexion, des informations et des exemples, mais vous devez également introduire des commentaires, des idées et des exemples qui vous soient propres afin de construire une véritable *réflexion personnelle*.

En aucun cas vous ne devez vous limiter à un simple compte-rendu des documents.

2. **Entretien**

Le jury vous posera ensuite quelques questions et s'entretiendra avec vous à propos du contenu de votre exposé.

Thème de l'exposé : le voyage spatial touristique

> **Document N°1**

Pour Elon Musk, la conquête de Mars débutera dès 2018

D'après Le Figaro.fr, 28 septembre 2016

Le fondateur de SpaceX a détaillé ce mardi sa vision de la conquête de Mars lors du 67e Congrès international d'astronautique. Selon lui, les premiers vaisseaux de test seront envoyés dès 2018, et les premiers vols habités, sans billet retour, dès 2024.

Le fondateur de la société SpaceX, Elon Musk, a détaillé ce mardi soir à Guadalaraja, au Mexique, son plan pour conquérir la planète Mars. À l'occasion du 67e Congrès international d'astronautique, le milliardaire a réaffirmé sa volonté d'envoyer ses premiers vaisseaux de test sur la planète rouge dès 2018, et entend entreprendre les premiers voyages habités en 2024. Chaque navette emmènera environ cent personnes sur Mars. Chaque vaisseau spatial sera équipé d'un restaurant, de cabines, de jeux adaptés à l'absence de gravité et de films. «Il faut que ça soit fun et excitant. Il ne faut pas que ça soit inconfortable et ennuyeux», a-t-il dit.

« Actuellement, un voyage sur Mars coûterait environ dix milliards de dollars par personne. Nous voulons ramener le prix du ticket individuel à 100.000 dollars», a affirmé Elon Musk, dont le but est de créer une colonie sur Mars. «Le retour n'est pas compris dans le prix, mais il y aura de nombreuses choses à faire là-bas», a-t-il encore affirmé. Interrogé sur les risques d'un tel voyage, il a affirmé que «les gens devront être prêts à mourir», mais loue ce qu'il décrit comme «une grande aventure humaine». Quant à la survie sur Mars, sur laquelle l'oxygène se trouve en quantité minime, Elon Musk botte en touche: «SpaceX s'occupe du voyage».

Après avoir diffusé une vidéo montrant comment parvenir à conquérir Mars d'ici quelques années, le fondateur de SpaceX a détaillé les plans de la fusée qui devra effectuer le voyage. Ce «Mars véhicule» serait plus gros encore que la fusée Saturn V, déjà conséquente. Il disposerait de 42 moteurs, et son module mesurerait 50 mètres de long, pour 17 mètres de diamètre. Enfin, Elon Musk entend produire son propre carburant sur Mars à partir du CO_2 recueilli dans l'atmosphère et de l'eau présente sous forme de glace.

Après avoir détaillé son plan pour installer l'humanité sur Mars, le milliardaire parle aussi d'explorer l'ensemble du système solaire à terme. Au-delà de la conquête spatiale, Elon Musk a imaginé une autre utilité à ses vaisseaux qui pourront servir à relier New York à Tokyo en 25 minutes seulement en passant par l'espace. Interrogé sur sa participation au voyage, Elon Musk a déclaré: «Je ne pense pas que je serai le premier homme sur Mars».

➤ **Document N°2**

Le tourisme spatial se cherche encore des responsables en cas d'accident

D'après le Huffington Post, 26 mars 2016

ESPACE - Voilà des années qu'on le promet, mais le tourisme spatial semble vraiment proche. En tout cas, si vous avez plusieurs centaines de milliers d'euros à dépenser. Ce sera, quoi qu'il arrive, plus abordable que les dizaines de millions de dollars qu'ont déboursé les 7 touristes, envoyés dans la Station spatiale internationale par la Russie de 2001 à 2009.

Pour faire baisser drastiquement les prix, des sociétés privées envisagent des véhicules à mi-chemin entre l'avion et la fusée, permettant de faire des vols "suborbitaux", soit juste au-dessus de la frontière entre l'atmosphère et le vide spatial. Le 9 mars, Jeff Bezos, le PDG d'Amazon a affirmé que sa société Blue Origin, spécialisée dans les vols spatiaux, prévoyait d'envoyer ses premiers passagers dans l'espace d'ici 2018. En février, Richard Branson, le fondateur de Virgin, dévoilait VSS Unity, le nouveau vaisseau de Virgin Galactic, censé lui aussi emmener des touristes dans l'espace dans les années à venir.

Branson est un peu plus prudent que Bezos, même s'il envisage à terme un décollage par jour. Et pour cause: le SpaceShipTwo, le précédent vaisseau de la société, s'est crashé en 2014, tuant l'un des pilotes. Car même s'il y a déjà une longue liste d'attente pour faire partie des premiers touristes spatiaux, il ne faut pas oublier qu'un tel voyage sera toujours plus risqué que de prendre l'avion, en tout cas pendant encore des années.

Le grand flou

Des risques et un marché - qui pourrait tourner autour d'un milliard de dollars - qui font se poser des questions sur le cadre juridique. Justement, l'Organisation de l'aviation civile internationale a indiqué mardi 15 mars travailler sur un ensemble de règlements pour encadrer le transport spatial, y compris le tourisme.

En attendant que les normes se mettent en place, c'est le grand flou. S'ils quittent l'atmosphère terrestre, les touristes spatiaux seront-ils considérés comme des astronautes? "Actuellement, c'est le cas même si on ne passe que 5 minutes dans l'espace", explique Philippe Achilleas, responsable du master de droit spatial de Paris Saclay.

Avion ou fusée?

S'il y a de fortes chances que le cas soit réglé avant que les vols commerciaux ne se mettent en place, ce n'est qu'un exemple des multiples questions qui se posent. Par exemple, quid des vaisseaux, à la frontière entre l'avion et la fusée? Actuellement, l'Agence spatiale européenne n'a rien décidé, mais semble parler d'aéronef. "S'ils sont considérés comme un aéronef, c'est le droit aérien qui s'applique, qui est très strict et cadré", estime Charlotte Le Roux, spécialiste du droit spatial du cabinet Lexing Alain Bensoussan. Ce qui implique des certifications draconiennes pour les appareils. "Cela pourrait tuer le secteur", affirme l'avocate.

L'autre possibilité serait d'utiliser le droit spatial, qui régit ce qui se passe au-dessus de l'atmosphère, mis en place depuis 1958. "Dans ce cas, il faudrait des autorisations de lancement pour chaque vol", précise Philippe Achilleas.

Et la France?

En attendant une réglementation internationale, si les Etats ne s'activent pas, il y a de forte chance que la législation américaine devienne le norme. Actuellement, les Etats-Unis ont une loi pour encourager les vols suborbitaux. Le constructeur du vaisseau est responsable en cas de faute technique, mais les futurs touristes doivent signer une déclaration de consentement affirmant que l'opérateur "ne peut pas être tenu responsable de la mort d'un participant résultant des risques inhérents au voyage spatial".

Pour l'instant, le droit français n'a pas vraiment tranché la question, même si des groupes de travail ont étudié le sujet. Les sociétés françaises, elles, avancent. Dassaultet Airbus travaillent eux aussi sur des projets de vaisseaux mixtes visant à terme des vols suborbitaux habités. Mais les deux sociétés font face à de nombreux retards dans leurs calendriers et aucune ne devrait être prête avant 2020.

> **Document N°3**

Voyages dans l'espace : "On ne parle pas assez des limites psychologiques d'une mission interplanétaire"

France Info, 2 juillet 2015

Alors que le Russe Guennadi Padalka est devenu, mardi, l'homme ayant passé le plus de temps dans l'espace avec un total de 803 jours, francetv info a interrogé un médecin des spationautes pour connaître les risques auxquels ils sont exposés et les limites des voyages spatiaux.

Huit cent trois jours. C'est le temps que le cosmonaute russe Guennadi Padalka a passé dans l'espace, a annoncé l'agence spatiale russe Roskosmos, mardi 30 juin. Ce record, il l'a établi en quatre fois : 199 jours à bord de la station russe Mir en 1998. Puis trois séjours à bord de la Station spatiale internationale en 2004, en 2009 et en 2012.

De son côté, l'Italienne Samantha Cristoforetti a battu le record de la plus longue période passée dans l'espace par une femme en une seule mission, avec 200 jours en orbite, a annoncé l'agence spatiale européenne, le 11 juin. Pour mieux comprendre les dangers auxquels sont exposés les spationautes et les limites des voyages spatiaux, francetv info a interrogé Bernard Comet, qui a été, pendant vingt ans, médecin au Centre national d'études spatiales et à l'Institut de médecine et de physiologie spatiales.

Francetv info : Combien de temps a duré le plus long séjour dans l'espace ?

Bernard Comet : Le record de durée de vol en une fois est détenu par le Russe Valeri Poliakov. Il est resté 437 jours dans la station Mir entre 1994 et 1995. Mais ce n'est pas une limite. En prévision d'une mission vers Mars, les Russes avaient estimé la durée d'un voyage aller-retour, avec un séjour d'un mois sur place, à 430-450 jours.

Quels sont les principaux problèmes de santé auxquels font face les spationautes ?

Il y a tout d'abord le mal de l'espace. C'est l'équivalent du mal des transports en général. Cela dure environ trois jours. Après, il y a une accoutumance à la microgravité et le phénomène s'estompe.

Ensuite, il y a une adaptation du système cardiovasculaire qui fait que si l'on ramène les cosmonautes sur Terre en station debout, ils ne tiennent pas. Lorsque l'on est dans l'espace, le cœur s'habitue trop à être en apesanteur et à ne pas fonctionner de façon aussi puissante que sur Terre. Pour remédier à cela, on leur donne des médicaments avant le retour et cela fonctionne très bien en quelques jours.

Les cosmonautes sont aussi victimes de fonte musculaire due au manque d'effort, ce qu'on appelle l'hypokinésie. Pour essayer de pallier cette perte musculaire, ils font deux heures d'exercice par jour : vélo, poids, altères, course sur tapis roulant avec des sangles qui les maintiennent au sol. Ils utilisent également des extenseurs pour se muscler le dos et la ceinture abdominale.

Il y a donc toujours une solution aux maux dont souffrent les spationautes ?

Pas tout à fait. En ce qui concerne les problèmes osseux, par exemple, on commence à y remédier. L'os est un tissu vivant qui se détruit et se reconstruit en permanence. Dans l'espace, il se reconstruit moins vite qu'il ne se détruit, ce qui provoque des problèmes d'ostéoporose. On utilise actuellement des traitements en pression et en choc, comme le tapis roulant.

Enfin, il y a les radiations, qui sont plus fortes dans l'espace que sur Terre car il n'y a plus la magnétosphère qui protège des éruptions solaires. Mais ce ne sont pas des doses inadmissibles : on reste dans les normes des professions exposées aux radiations ionisantes. Même pour des gens qui ont volé, de façon cumulée, extrêmement longtemps. Par exemple, l'ancien détenteur du record de la durée cumulée, Sergueï Krikalev, présentait une dose cumulée de 58 rem. Or, pour un employé du nucléaire, sur une carrière de quarante ans, on autorise 200 rem.

Existe-t-il une limite de temps à partir de laquelle vous estimez qu'un voyage deviendrait trop long ou trop dangereux ?

Selon moi, quand on parle d'une mission d'exploration interplanétaire, qui est le prochain objectif dans le domaine, il y a deux limites, qui ne sont pas spécialement liées au temps passé dans l'espace : les radiations et l'aspect psychologique.

Même s'ils se mettaient dans des abris spéciaux à bord du vaisseau, les cosmonautes pourraient recevoir d'importantes quantités de radiations et atteindre des doses inadmissibles. Il y a eu des simulations de missions vers Mars et on a montré qu'il suffirait de trois éruptions solaires majeures lors de leur voyage pour atteindre des doses inadmissibles (200 rem). Au-delà de 500 rem, on peut avoir des brûlures de la peau, des troubles digestifs, de fortes fièvres. Il existe aussi des cancers induits par les radiations.

Et quelle est l'autre limite ?

On n'en parle pas assez : c'est la limite psychologique. Dans le cadre d'une mission interplanétaire, on ferait partir cinq à sept personnes qui devraient vivre de façon complètement isolée. Le temps de communication s'allongerait au fur et à mesure qu'elles s'éloigneraient de la Terre. Le moindre échange pourrait prendre 40 minutes : le temps d'émettre un message qui parvienne à la Terre et que la réponse reparte dans l'autre sens.

Il faut aussi soigner la sélection psychologique des membres de l'équipage. La mission Mars 500 [qui simulait un voyage vers la planète rouge en 2011] s'est concentrée sur cet aspect-là : comment faire la sélection individuelle, mais surtout comment créer l'équipe la plus efficace possible dans ce contexte très prolongé et très confiné ? Le risque de crise est nettement plus élevé dans cet environnement qu'à l'air libre avec la possibilité d'aller faire un tour en cas de tensions.

TEST 6

Partie 1

COMPRÉHENSION DE L'ORAL

25 points

■ Exercice 1

Vous allez entendre deux fois un enregistrement sonore de 6 minutes environ.

- *Vous aurez d'abord 3 minutes pour lire les questions.*
- *Puis vous écouterez une première fois l'enregistrement*
- *Vous aurez ensuite 3 minutes pour commencer à répondre aux questions*
- *Vous écouterez une deuxième fois l'enregistrement.*
- *Vous aurez encore 5 minutes pour compléter vos réponses*

Vous pouvez prendre des notes pendant les deux écoutes

Note sur le document : « Nuit Debout » est un mouvement spontané d'occupation de certains lieux symboliques dans des villes en France, qui a eu lieu de mars à mai 2016 pour protester contre le passage par le gouvernement d'une loi réformant le droit du travail.

1. Quelle est la profession de Frédéric Lordon ? *1 point*

_____

2. Que veulent les manifestants de Nuit Debout entendus dans l'extrait ?   *1,5 points*

_____
_____

3. Vrai ou faux ?   *1,5 points*

	VRAI	FAUX
Frédéric Lordon croit que le mouvement Nuit Debout est en train de renaître		
Frédéric Lordon pense que la vie politique se passe Place de la République		
Frédéric Lordon est heureux que le mouvement Nuit Debout semble redémarrer		

4. Quel est le titre du livre que Frédéric Lordon vient de publier ?   *1 point*

_____

5. Quel est le propos principal de ce livre, tel que le résume le journaliste ?   *2 points*

_____

6. Soulignez les deux propositions correctes   *2 points*

A. La plupart des gens ne réalisent pas la part de l'émotion dans la politique

B. Tout le monde est d'accord avec le fait qu'il y a beaucoup d'émotion en politique

C. les gens pensent que la politique est surtout une affaire d'idées rationnelles

D. Frédéric Lordon veut amener les gens à comprendre que la politique est purement rationnelle

7. Quel est le synonyme du mot « affect » dans l'esprit de la plupart des gens ?   *1 point*

_____

8. Quelle est, selon Lordon, la définition de l'*affect* par Spinoza ? *1 point*

_____

9. Vrai ou faux ? *2 points*

	VRAI	FAUX
Selon Lordon les idées sont le contraire des passions		
Selon Lordon, les idées ne nous touchent qu'accompagnées d'émotions		

10. Donnez deux exemples de ce que Lordon et Bourdieu appellent « les petits producteurs intellectuels » *1 point*

1. _____

2. _____

11. Soulignez les deux propositions correctes *1 point*

A. Selon Lordon, les idées ne sont pas capables de déterminer l'action chez les gens

B. Les « producteurs d'idées » pensent que les passions mènent le monde

C. Selon Lordon, ce sont nos idées qui mènent le monde

D Selon Lordon, les gens qui pensent que nos idées seules mènent le monde se trompent

12. Quelle est la condition pour que les idées touchent les gens et les incitent à agir ?   *1 point*

---

13. Vrai ou faux ?   *1 point*

	VRAI	FAUX
Les gens, en particulier les salariés, sont toujours prêts à se révolter		
Pour comprendre les crises sociales il faut comprendre comment la théorie agit sur les masses		

14. Quelle question le journaliste pose-t-il à Frédéric Lordon à propos de Nuit Debout, à la fin de l'interview ?   *1 point*

---

15. Selon Frédéric Lordon, que voulaient réellement les manifestants de Nuit Debout ?   *1 point*

■ **Exercice 2**

Vous allez entendre <u>une seule fois</u> plusieurs courts extraits radiophoniques.

Pour <u>chacun des extraits</u>,

- Vous aurez entre 20 secondes et 50 secondes pour lire les questions.

- Puis vous écouterez l'enregistrement.

- Vous aurez ensuite entre 30 secondes et 1 minute pour répondre aux questions.

Document 1

1. La personne qui parle est *(soulignez la bonne réponse)*   *1 point*

- professeur de journalisme
- enseignante dans un lycée
- enseignante dans un collège
- responsable à l'UNESCO

2. Le travail qu'elle a donné aux jeunes consistait à   *1 point*

A. présenter chaque semaine un article de presse commenté

B. écrire chaque semaine un petit article et le présenter

C. comparer les informations de Facebook à celles du *Monde* et du *Canard Enchaîné*

D. rédiger un article collectif pour l'envoyer à l'UNESCO

3. Vrai ou faux ?   *1 point*

	VRAI	FAUX
Les jeunes ont très bien réussi dans ce travail		

Document 2

1. Ce mini reportage parle *(soulignez la bonne réponse)*   *1 point*

A. des infirmières canadiennes qui rejoignent le service public

B. des fonctionnaires canadiens en difficulté financière

C. des impôts qui ont triplé au Canada

D. des difficultés des gardes-côtes canadiens de l'Atlantique Nord

2. Expliquez quelle est l'origine du problème   *2 points*

_____

_____

Partie 2

COMPRÉHENSION DES ECRITS

25 points

Les deux humanismes

D'après Edgar Morin, le Monde Diplomatique, Octobre 2015

Première partie

Dans la civilisation occidentale, l'humanisme a pris deux visages antinomiques. Le premier est celui de la quasi-divinisation de l'humain, voué à la maîtrise de la nature. C'est en fait une religion de l'homme se substituant au dieu déchu. Il est l'expression des vertus d'*Homo sapiens/faber/œconomicus*. L'homme, dans ce sens, est mesure de toute chose, source de toute valeur, but de l'évolution. Il se pose comme sujet du monde et, comme celui-ci est pour lui un monde-objet constitué d'objets, il se veut souverain de l'univers, doté d'un droit illimité sur toute chose, dont le droit illimité à la manipulation. C'est dans le mythe de sa raison (*Homo sapiens*), dans les pouvoirs de sa technique et dans le monopole de la subjectivité qu'il fonde la légitimité absolue de son anthropocentrisme. C'est cette face de l'humanisme qui doit disparaître. Il faut cesser d'exalter l'image barbare, mutilante, imbécile, de l'homme autarcique surnaturel, centre du monde, but de l'évolution, maître de la Nature.

L'autre humanisme a été formulé par Montaigne en deux phrases : « *Je reconnais en tout homme mon compatriote* » ; « *On appelle barbares les peuples d'autres civilisations* ». Montaigne a pratiqué son humanisme dans la reconnaissance de la pleine humanité des indigènes d'Amérique cruellement conquis et asservis et dans la critique de leurs asservisseurs.

Cet humanisme s'est enrichi chez Montesquieu d'une composante éthique, dans le principe que, s'il faut décider entre sa patrie et l'humanité, il faut choisir l'humanité. Enfin, cet humanisme devient militant chez les philosophes du XVIIIe siècle et il trouve son expression universaliste dans la Déclaration des droits de l'homme et du citoyen de 1789. Cet humanisme reconnaît dans son principe la pleine qualité humaine à chaque être de notre espèce ; il reconnaît dans tout être humain une identité commune au-delà des différences ; il sous-entend le principe défini par Emmanuel Kant : appliquer à autrui ce que nous souhaitons pour nous-mêmes. Il sous-entend le principe posé par Friedrich Hegel : tout être humain a besoin d'être reconnu dans sa pleine humanité par autrui. Il demande le respect pour ce qu'on appelle la « dignité » de chaque humain, c'est-à-dire de ne pas lui faire subir de traitement indigne. Cet humanisme sera plus tard nourri par une sève de fraternité et d'amour, vertu évangélique laïcisée.

Bien que concernant en principe tous les êtres humains, cet humanisme a été monopolisé par l'homme blanc, adulte, occidental. Ont été exclus primitifs, arriérés, infantiles, qui n'ont pas accédé à la dignité d'*Homo sapiens*. Ceux-là furent traités en objets et asservis, jusqu'à l'époque récente des décolonisations.

Nous n'avons pas besoin d'un nouvel humanisme, nous avons besoin d'un humanisme ressourcé et régénéré.

L'humanisme portait en lui l'idée de progrès et était porté par elle. Le progrès, depuis Condorcet, était considéré comme Loi à laquelle obéirait l'histoire humaine. Il semblait que raison, démocratie, progrès scientifique, progrès technique, progrès économique, progrès moral étaient inséparables. Cette croyance, née en Occident, s'y était maintenue et s'était même propagée dans le monde en dépit des terribles démentis apportés par les totalitarismes et les guerres mondiales du XXe siècle. En 1960, l'Ouest promettait un futur harmonieux, l'Est un futur radieux. Ces deux futurs se sont effondrés peu avant la fin du XXe siècle, remplacés par incertitudes et angoisses, et la foi en le progrès doit être non plus dans un futur de promesses, mais dans un futur de possibilités. Dans ce sens, l'humanisme régénéré se propose la poursuite de l'hominisation(1) en humanisation en y introduisant les impératifs anthropo-éthiques. *Let us make man* (« Faisons l'homme »).

Deuxième partie

L'humanisme régénéré est essentiellement un humanisme planétaire. L'humanisme antérieur portait en lui un universalisme potentiel. Mais il n'y avait pas cette interdépendance concrète entre tous les humains, devenue communauté de destin, qu'a créée et qu'accroît sans cesse la mondialisation.

Comme l'humanité est désormais menacée de périls mortels (multiplication des armes nucléaires et des guerres civiles internationalisées, déchaînement de fanatismes, dégradation accélérée de la biosphère, crises et dérèglements d'une économie dominée par une spéculation financière incontrôlée), la vie de l'espèce humaine et, inséparablement, celle de la biosphère deviennent une valeur primaire, un impératif prioritaire. Nous devons comprendre alors que si nous voulons que l'humanité puisse survive, elle doit se métamorphoser. Karl Jaspers l'avait dit peu après la seconde guerre mondiale : « *Si l'humanité veut continuer à vivre, elle doit changer.* » Or, aujourd'hui, le problème primaire de la vie est devenu la priorité d'une nouvelle conscience, qui appelle une métamorphose. L'humanisme régénéré puise consciemment aux sources anthropologiques de l'éthique. Ces sources, présentes dans toute société humaine, sont la solidarité et la responsabilité. La solidarité à l'égard de sa communauté suscite la responsabilité, et la responsabilité suscite la solidarité. Ces sources demeurent présentes, mais en partie taries et asséchées dans notre civilisation, sous l'effet de l'individualisme, de la domination du profit, de la bureaucratisation généralisée. L'humanisme doit montrer la nécessité de revitaliser solidarité et responsabilité pour la poursuite de l'hominisation en humanisation, c'est-à-dire pour tout progrès humain.

Mais alors que le couple solidarité-responsabilité demeure limité à des communautés restreintes ou closes (famille, patrie), déjà l'humanisme d'un Montaigne et d'un Montesquieu leur donnait un sens humain universel. Toutefois, cet universalisme n'a pu devenir concret qu'avec la communauté de destin planétaire. L'humanisme devenu planétaire demande donc que le couple solidarité-responsabilité, sans cesser de s'exercer dans les communautés existantes, soit amplifié à la communauté de destin planétaire.

Plus encore : l'humanisme doit prendre consciemment en charge la grande aspiration qui traverse toute l'histoire humaine, d'autant plus que les communautés tendent à étouffer les individus, que l'individualisme tend à désintégrer les communautés : épanouir sa personne au sein d'une communauté ; épanouir le **Je** dans l'épanouissement du **Nous**.

Enfin, la conscience planétaire arrive d'elle-même à l'idée de Terre-patrie, comme je l'ai écrit dans le livre du même nom : « *Nous voici, humains minuscules, sur la minuscule pellicule de vie entourant la minuscule planète perdue dans le gigantissime univers. Cette planète est pourtant un monde, le nôtre. Cette planète est en même temps notre maison et notre jardin. Nous découvrons les secrets de notre arbre généalogique et de notre carte d'identité terrienne, qui nous font reconnaître notre matrie terrestre au moment où les sociétés éparses sur le globe sont devenues interdépendantes et où se joue collectivement le destin de l'humanité.* » La prise de conscience de la communauté de destin terrestre doit être l'événement clé de notre siècle. Nous sommes solidaires dans et de cette planète. Nous sommes des êtres anthropo-bio-physiques, fils de cette planète. C'est notre Terre-patrie.

L'accomplissement de l'humanité en Humanité, la nouvelle communauté englobante de la Terre-patrie, la métamorphose de l'humanité sont les faces de la nouvelle aventure humaine souhaitable et possible. Certes l'accumulation des périls, la course du vaisseau spatial Terre, dont les moteurs sont les développements incontrôlés de la science, de la technique, de l'économie, rendent l'issue improbable. Mais improbabilité n'est pas impossibilité. Certes, il semble impossible de changer de voie. Mais toutes les voies nouvelles qu'a connues l'histoire humaine ont été inattendues, filles de déviances qui ont pu s'enraciner, devenir tendances et forces historiques. Tant de transformations semblent nécessaires simultanément, tant de réformes économiques, sociales, personnelles, éthiques.

Troisième partie

Mais un peu partout dans le monde apparaissent des myriades de germinations, ruissellent des myriades de petits courants qui, s'ils se joignent, formeront des ruisseaux qui pourraient confluer en rivières, lesquelles pourraient se réunir en un grand fleuve. Là est l'espoir, fragile mais espoir, et nous devons comprendre que le pari et l'espoir doivent prendre la place des certitudes.

Notre devenir actuel porte en lui les germes de deux métamorphoses. La première, nous l'avons indiqué, actuellement improbable, déboucherait sur une société-monde devenant Terre-patrie. La seconde est celle du transhumanisme, qui se fonde sur des probabilités fortes, encore inconnues il y a vingt ans : la prolongation de la vie humaine sans vieillissement grâce aux cellules souches présentes dans l'organisme de chacun de nous ; le développement d'une symbiose de plus en plus intime entre l'homme, les produits de sa technique, notamment les machines informatiques ; la capacité de plus en plus grande des machines à acquérir des caractères humains, y compris peut- être la conscience. Tout cela ouvre un univers de science-fiction où effectivement se métamorphoserait la condition humaine en une surhumanité. Le transhumanisme a même pu se transformer en mythe dans la prédiction que l'homme allait acquérir l'immortalité .

Mais ces progrès scientifiques et techniques n'auront de caractère positif que s'ils coïncident avec un progrès humain à la fois intellectuel, éthique, politique, social. La métamorphose de la condition biologique et technique de l'homme, si elle n'est pas accompagnée du progrès humain, aggravera les problèmes, déjà gravissimes. Croissance des inégalités entre riches et puissants, d'une part, pauvres et exclus, d'autre part, les premiers bénéficiant seuls de la prolongation de la vie. Problème de la reconnaissance des droits humains aux robots pensants dès lors que ceux-ci seraient dotés de conscience. La possibilité de la métamorphose technoscientifique transhumaniste appelle nécessairement et instamment la métamorphose psychologique, culturelle et sociale qui naîtrait d'une voie nouvelle nourrie par un humanisme régénéré.

Je conclurai sur un dernier composant de la conscience humaniste telle qu'elle doit à mon avis être présente en chacun de nous. Etre humaniste, ce n'est pas seulement penser que nous faisons partie de cette communauté de destin, que nous sommes tous humains tout en étant tous différents, ce n'est pas seulement vouloir échapper à la catastrophe et aspirer à un monde meilleur ; c'est aussi ressentir au plus profond de soi que chacun d'entre nous est un moment minuscule, une partie minuscule d'une extraordinaire aventure, une aventure incroyable qui, tout en continuant l'aventure de la vie, commence une aventure hominisante il y a sept millions d'années, avec une multiplicité d'espèces se croisant et se succédant jusqu'à l'arrivée de l'*Homo sapiens*. A l'époque de Cro-Magnon et de ses magnifiques peintures rupestres, celui-ci a déjà le cerveau d'Albert Einstein, de Leonard de Vinci, d'Adolf Hitler, de tous les grands artistes, philosophes et criminels, un cerveau en avance sur son esprit, un cerveau en avance sur ses besoins. Aujourd'hui encore notre cerveau possède sans doute des capacités que nous sommes encore incapables de reconnaître et d'utiliser.

Nous sommes dans une aventure incroyable, avec ses possibilités scientifiques à la fois les plus merveilleuses et les plus terrifiantes. L'humanisme, à mon sens, ne porte pas seulement en lui le sentiment de solidarité humaine, c'est aussi le sentiment d'être à l'intérieur d'une aventure inconnue et incroyable, et de vouloir qu'elle continue vers une métamorphose, d'où naîtrait un devenir nouveau.

Je suis individu, sujet, c'est-à-dire presque tout pour moi et presque rien pour l'univers, fragment infime et infirme de l'anthroposphère et de la noosphère (2), auxquelles je participe, et quelque chose de fort comme un instinct unit ce qu'il y a de plus intime dans ma subjectivité à cette anthroposphère et à cette noosphère, c'est-à-dire au destin de l'humanité. Je participe à cet infini, à cet inachèvement, à cette réalité si fortement tissée de rêve, à cet être de douleur, de joie et d'incertitude qui est en nous comme nous sommes en lui...

Au sein de cette aventure inconnue, je fais partie d'un grand être avec les sept milliards d'autres humains, comme une cellule fait partie d'un corps parmi des centaines de milliards de cellules, mille fois plus de cellules chez un humain que d'êtres humains sur Terre.

Je fais partie de cette aventure inouïe, insérée au sein de l'aventure elle-même stupéfiante de l'univers. Elle porte en elle son ignorance, son inconnu, son mystère, sa folie dans sa raison, son inconscience dans sa conscience, et je porte en moi l'ignorance, l'inconnu, le mystère, la folie, la raison de l'aventure.

L'aventure est plus que jamais incertaine, plus que jamais terrifiante, plus que jamais exaltante. « *Caminante, no hay camino, se hace camino al andar* » : Marcheur, il n'y a pas de chemin, le chemin se fait en marchant. (1877 mots)

(1) L'hominisation est le processus qui a progressivement transformé une lignée de primates en humains. Ce processus évolutif a concerné la lignée des Hominidés, à partir de la divergence entre le dernier ancêtre commun des grands singes et les Hommes, il y a plus de 6 millions d'années
(2) La noosphère désigne la « sphère de la pensée humaine »

Répondez aux questions en écrivant la bonne réponse ou en écrivant l'information demandée (dans ce cas, formulez votre réponse avec vos propres mots ; ne reprenez pas de phrases entières du document, sauf si cela vous est précisé dans la consigne). Attention : les questions de la rubrique A portent sur l'ensemble du texte, les questions des rubriques B, C et D uniquement sur la partie du texte indiquée.

A. Questions sur l'ensemble du texte

1. Le texte d'Edgar Morin est plutôt *(soulignez la bonne réponse)*   1 point

A. un essai éthique et philosophique

B. un article polémique

C. un texte satirique

D. un manifeste politique

2. Quel est le sous-titre qui lui convient le mieux ?   2 points

A. « Pour une meilleure compréhension du transhumanisme »

B. « Pour une révolution sociale et économique »

C. « Pour une solidarité et une responsabilité universelles »

D « Pour en finir avec l'humanisme des anciens »

B. Questions sur la première partie

3. Vrai ou faux ?   1 point

	VRAI	FAUX
Edgar Morin est d'accord avec l'humanisme qui place l'homme au centre et aux commandes du monde		

4. Comment se définissait l'humanisme de Montaigne ?   1 point

5. Montesquieu était-il plutôt en accord ou plutôt en désaccord avec l'humanisme de Montaigne ? Justifiez votre réponse par une citation   *2 points*

Plutôt en accord	Plutôt en désaccord

Citation

_____

6. Soulignez la proposition correcte parmi celles qui suivent   *1 point*

A. L'humanisme qui a inspiré la Déclaration de 1789 établissait des différences entre les hommes

B. L'humanisme qui a inspiré la déclaration de 1789 a dans la réalité été réservé aux hommes blancs

C. l'humanisme des Lumières s'adressait explicitement aux non-blancs et aux enfants

7. Citez la phrase qui montre qu'Edgar Morin ne souhaite pas inventer un humanisme, mais retourner aux origines   *1 point*

_____

_____

8. Quelle importante notion Condorcet a-t-il associé à l'humanisme ?   *1 point*

_____

C. Questions sur la deuxième partie

9. Quelle est le rapport entre la mondialisation et l'humanisme que souhaite Morin ? Répondez avec vos propres mots   *2 points*

_____

10. Par quoi, selon E.Morin, la vie de l'espèce humaine est-elle menacée ?   *2,5 points*

_____

_____

_____

11. Vrai, faux, ou on ne sait pas ?   *1,5 point*

	VRAI	FAUX	On ne sait pas
L'humanité doit se transformer profondément pour survivre			
La solidarité et la responsabilité ont complètement disparu			
La solidarité et la responsabilité ne peuvent pas être universelles			

12. Quelle est l'idée dont l'humanité doit absolument prendre conscience au 21ème siècle ?
                                    1 point

_____

13. Soulignez les deux propositions correctes   *1 point*

A. la planète est embarquée dans une aventure dangereuse à cause de la technologie et de l'économie incontrôlées

B. Edgar Morin est convaincu que le destin de notre planète et de notre humanité va changer

C. Edgar Morin espère que le destin de la planète et de l'humanité va changer, mais n'en est pas sûr.

D. Toutes les voies nouvelles de l'histoire humaine étaient prévisibles

D. Questions sur la troisième partie

14. Vrai ou faux ?   *1 point*

	VRAI	FAUX
Edgar Morin pense que devons ne plus être sûrs de rien, et nous contenter d'espérer		

15. Comment Edgar Morin définit-il le transhumanisme? (3 éléments)   *3 points*

_____

===

_____

Soulignez trois propositions correctes parmi celles qui suivent *3 points*

A. La métamorphose de la condition technique et biologique de l'homme ne présente aucun danger

B. Les possibilités de changer la biologie de l'homme risquent d'engendrer des inégalités

C. La métamorphose de l'humanité doit être morale et spirituelle avant d'être technique

D. Notre cerveau est beaucoup plus avancé que celui des hommes qui vivaient il y a millions d'années

E. Il faut voir l'humanité comme une aventure plutôt que comme une réalité fixe

F. Le destin de l'humanité est terrifiant

G. Edgar Morin pense qu'il sait où va l'humanité

H. Edgar Morin pense que les hommes ne sont pas différents les uns des autres.

Partie 3

PRODUCTION ECRITE

25 points

■ **Exercice 1 : Synthèse de documents** *13 points*

Vous ferez une synthèse des documents proposés, en 220 mots environ (fourchette acceptable : de 200 à 240 mots).Pour cela, vous dégagerez les idées et les informations essentielles qu'ils contiennent, vous les regrouperez et vous les classerez en fonction du thème commun à tous ces documents, et vous les présenterez avec vos propres mots, sous forme d'un nouveau texte suivi et cohérent. Vous pourrez donner un titre à votre synthèse.

Attention :

- vous devez rédiger un texte unique en suivant un ordre qui vous est propre, et en évitant si possible de mettre deux ou trois résumés bout à bout ;

- vous ne devez pas introduire d'autres idées ou informations que celles qui se trouvent dans les documents, ni faire de commentaires personnels ;

- vous pouvez bien sûr réutiliser les « mots-clés » des documents, mais non des phrases ou des passages entiers

- vous indiquerez le nombre de mots utilisés dans votre synthèse sur la ligne prévue à cet effet à la fin.

➢ **Document n°1**

Plus que jamais, les droits de l'enfant !

D'après une tribune de Julien Laupêtre, le Monde Diplomatique, novembre 2015

Vingt-cinq ans après la signature de la **Convention internationale des droits de l'enfant(1)**, il n'est peut-être pas inutile de rappeler l'importance de ces principes, à travers dix droits essentiels défendus par notre association :

— le droit d'avoir un nom et une nationalité ;

— le droit d'être nourri, logé et de grandir dans de bonnes conditions ;

— le droit d'être soigné et de bénéficier de soins et de traitements adaptés à son âge ;

— le droit à une protection et à une prise en charge adaptée pour les enfants handicapés ;

— le droit à l'éducation ;

— le droit de jouer, de rire, de rêver ;

— le droit à la culture ;

— le droit d'être protégé de la violence et de l'exploitation ;

— le droit d'être secouru et d'avoir accès à une protection, notamment pour les enfants réfugiés ;

— le droit d'accéder à l'information, d'exprimer son avis et d'être entendu.

Certes, les droits sont proclamés, mais qu'en est-il de leur mise en œuvre ? Le chemin est encore long à parcourir. En France, un enfant sur cinq vit sous le seuil de pauvreté ; 30 000 sont sans domicile ; 9 000 habitent des bidonvilles ; et 140 000 quittent l'école chaque année. Dans le monde, en Syrie et ailleurs, des millions de jeunes fuient la guerre au péril de leur vie, souffrent de malnutrition ou de manque de soins.

Le Secours populaire français (SPF) le constate dans ses actions quotidiennes en France : 44 % des personnes qu'il aide sont des enfants. Parce que les enfants sont plus vulnérables que les adultes, parce que les protéger est crucial pour l'avenir de toute société, le SPF est particulièrement attentif à leur venir en aide. Il les incite également à devenir des acteurs de la société.

Au sein de Copain du monde, le mouvement d'enfants solidaires du SPF, des milliers de filles et de garçons prennent part à l'élan de solidarité de l'association. Ils découvrent la Convention internationale des droits de l'enfant pour devenir des citoyens responsables et défendre leurs droits.

Plus d'une centaine de clubs Copain du monde se sont créés dans toute la France depuis 2008. D'autres se sont également formés en Côte d'Ivoire, au Maroc, au Bénin ou encore au Salvador.

L'idée de Copain du monde est aussi d'apprendre au contact d'enfants d'autres pays, de s'enrichir de cultures différentes, de « s'aimer plutôt que se détester », de « se rencontrer plutôt que se fuir ». Ainsi, chaque été depuis 2008, le SPF accueille dans les villages Copain du monde des enfants de différentes nationalités qui se retrouvent le temps des vacances pour partager des moments forts d'échanges et participer à des projets solidaires.

(1)La Convention internationale des droits de l'enfant (CIDE), ou Convention relative aux droits de l'enfant, est un traité international adopté par l'Assemblée générale des Nations unies, le 20 novembre 1989. C'est aussi un traité international adopté par l'ONU en 1989 dans le but de reconnaître et protéger les droits spécifiques des enfants. Élargissant aux enfants le concept de droits de l'homme tel que prévu par la déclaration universelle des droits de l'homme, elle introduit le concept d'intérêt supérieur de l'enfant, principe général d'interprétation juridique relevant du droit international privé et consacrant le passage de l'enfant d'objet de droit à sujet de droit.

Elle constitue l'aboutissement d'un long processus international engagé en 1923 par l'Union internationale de secours aux enfants (en), qui adopte la déclaration de Genève ensuite adoptée en 1924 par la Société des Nations. C'est en 1959, onze ans après l'adoption de la déclaration universelle des droits de l'Homme, que l'Assemblée générale des Nations unies adopte la première déclaration des droits de l'enfant, qui donnera lieu, trente ans plus tard en 1989, au texte actuel

> **Document N° 2**

Pauvreté, analphabétisme et décès prématurés: ce qui attend les enfants les plus défavorisés de la planète

d'après l'UNICEF, 28 juin 2016

Selon les tendances actuelles, 69 millions d'enfants de moins de 5 ans mourront principalement de causes évitables, 167 millions d'enfants vivront dans la pauvreté et 750 millions de femmes seront mariées pendant leur enfance d'ici 2030, date limite pour les **Objectifs de développement durable**, et ce à moins que le monde entier ne se préoccupe davantage du sort des enfants les plus défavorisés, explique un rapport de l'UNICEF publié aujourd'hui.

La situation des enfants dans le monde, le principal rapport annuel de l'UNICEF, présente un sombre tableau de ce qui attend les enfants les plus pauvres du monde si les gouvernements, les bailleurs de fond, les entreprises et les organisations internationales n'accélèrent pas leurs efforts pour répondre à leurs besoins.

Le rapport note d'importants progrès en ce qui concerne la survie des enfants, l'éducation et la lutte contre la pauvreté. Au niveau mondial, les taux de mortalité chez les enfants de moins de cinq ans ont été réduits de plus de moitié depuis 1990, les garçons et les filles fréquentent l'école primaire en nombre égal dans 129 pays et le nombre de personnes vivant dans l'extrême pauvreté a été réduit de moitié comparé aux années 90.

Mais ces progrès n'ont été ni égaux ni équitables. Les enfants les plus pauvres ont deux fois plus de chances que les enfants les plus aisés de mourir avant l'âge de cinq ans et de souffrir de sous-alimentation chronique. Dans une grande partie de l'Asie du Sud et de l'Afrique subsaharienne, les enfants dont la mère n'a pas été scolarisée ont une probabilité trois fois plus élevée de mourir avant l'âge de cinq ans que ceux dont la mère a reçu une instruction de niveau secondaire. De plus, les filles issues des foyers les plus pauvres ont une probabilité deux fois plus élevée de se marier pendant leur enfance, que celles issues des foyers les plus aisés.

C'est en Afrique subsaharienne que les perspectives sont les plus préoccupantes : au moins 247 millions d'enfants – soit deux sur trois – vivent dans la pauvreté multidimensionnelle, privés de ce dont ils ont besoin pour survivre et se développer.

Si les tendances actuelles se maintiennent, le rapport prévoit que d'ici 2030, l'Afrique subsaharienne représentera :

• Près de la moitié des 69 millions d'enfants qui mourront avant leur cinquième anniversaire, principalement de causes évitables ;

• Plus de la moitié des 60 millions d'enfants en âge de fréquenter l'école primaire qui ne seront toujours pas scolarisés ;

• Neuf des dix enfants vivant dans l'extrême pauvreté.

Bien que l'éducation joue un rôle unique pour donner des chances égales aux enfants, le nombre d'enfants qui ne sont pas scolarisés a augmenté depuis 2011 et une part importante de ceux qui fréquentent l'école n'y apprennent rien. Aujourd'hui, environ 124 millions d'enfants ne fréquentent pas l'école primaire ni le premier cycle de l'enseignement secondaire. Près de deux enfants sur cinq ayant terminé l'école primaire n'ont appris ni à lire, ni à écrire, ni à faire de simples opérations arithmétiques.

Le rapport met aussi en évidence qu'investir dans les enfants les plus vulnérables peut être bénéfique, dans l'immédiat et à long terme. Les allocations en espèces, par exemple, se sont avérées utiles pour aider les enfants à rester à l'école pendant plus longtemps et à progresser vers des niveaux de scolarité plus élevés. En moyenne, chaque année supplémentaire de scolarité que reçoit un enfant augmente ses revenus d'environ 10 % à l'âge adulte. En moyenne, pour chaque année de scolarité supplémentaire effectuée par les jeunes adultes d'un pays, les taux de pauvreté de ce pays baissent de 9 %.

L'inégalité n'est ni inévitable ni insurmontable, avance le rapport. Les mesures suivantes peuvent contribuer à donner des chances égales aux enfants : avoir de meilleures données sur les enfants les plus vulnérables, trouver des solutions intégrées pour répondre aux difficultés des enfants, développer des façons innovantes de remédier aux problèmes, effectuer des investissements plus équitables et impliquer davantage les communautés.

Nombre de mots _____

■ **Exercice 2 : Essai argumenté**   12 points

Vous faites partie du Secours Populaire Français et vous souhaitez organiser une opération avec des bénévoles pour financer une école en Afrique ou en Asie du Sud. Rédigez une note à envoyer à vos amis bénévoles pour les convaincre de participer à cette opération (250 mots environ)

Nombre de mots _____

Tests DALF C1

ÉPREUVE DE PRODUCTION ORALE

25 points

Préparation : 60 minutes

Passation : 30 minutes environ

■ **Consignes pour les candidats**

Cette épreuve se déroulera en deux temps :

1. Exposé

À partir des documents proposés, vous préparerez un exposé sur le thème indiqué, et vous le présenterez au jury.

Votre exposé présentera une réflexion ordonnée sur ce sujet. Il comportera une introduction et une conclusion et mettra en évidence quelques points importants (3 ou 4 au maximum)

Attention :

Les documents sont une source *documentaire* pour votre exposé.

Vous devez pouvoir en exploiter le contenu en y puisant des pistes de réflexion, des informations et des exemples, mais vous devez également introduire des commentaires, des idées et des exemples qui vous soient propres afin de construire une véritable *réflexion personnelle*.

En aucun cas vous ne devez vous limiter à un simple compte-rendu des documents.

2. Entretien

Le jury vous posera ensuite quelques questions et s'entretiendra avec vous à propos du contenu de votre exposé.

Thème de l'exposé : Vers une guerre mondiale de l'eau ?

> ➢ **Document N°1**

L'eau, une source de conflits entre nations

D'après les *dossiers scientifiques* du Site du CNRS, 2016

Les perspectives en matière d'eau douce ne sont pas réjouissantes puisque, de l'avis général, sa raréfaction semble inéluctable. Or, un pays qui manque d'eau est un pays qui ne peut ni nourrir sa population, ni se développer. D'ailleurs, la consommation en eau par habitant est désormais considérée comme un indicateur du développement économique d'un pays. Selon une étude des Nations Unies, l'eau pourrait même devenir, d'ici à 50 ans, un bien plus précieux que le pétrole. C'est dire toute l'importance de cette ressource que d'aucuns appellent déjà « l'or bleu ».

Avoir accès à l'eau est donc devenu un enjeu économique puissant à l'échelle planétaire qui pourrait devenir, dans le siècle à venir, l'une des premières causes de tensions internationales. Il est vrai que plus de 40 % de la population mondiale est établie dans les 250 bassins fluviaux transfrontaliers du globe. Autrement dit, toutes ces populations se trouvent dans l'obligation de partager leurs ressources en eau avec les habitants d'un pays voisin. Or, une telle situation peut être à l'origine de conflits récurrents, notamment lorsqu'un cours d'eau traverse une frontière, car l'eau devient alors un véritable instrument de pouvoir aux mains du pays situé en amont. Qu'il soit puissant ou non, celui-ci a toujours théoriquement l'avantage, puisqu'il a la maîtrise du débit de l'eau.

La situation n'est pas récente. En 1503 déjà, Léonard de Vinci conspirait avec Machiavel pour détourner le cours de l'Arno en l'éloignant de Pise, une cité avec laquelle Florence, sa ville natale, était en guerre. Des chercheurs américains ont également montré que depuis le Moyen Âge, les désordres sociaux en Afrique orientale coïncidaient avec les périodes de sécheresse. Dans les sociétés asiatiques, l'eau était un instrument de puissance politique : l'ordre social, les répressions et les crises politiques dépendaient des caprices des pluies.

Aujourd'hui encore, les contentieux à propos de l'eau sont nombreux à travers le monde, notamment au Nord et au Sud de l'Afrique, au Proche-Orient, en Amérique centrale, au Canada et dans l'Ouest des États-Unis. Au Proche-Orient, par exemple, une dizaine de foyers de tensions existent. Ainsi l'Égypte, entièrement tributaire du Nil pour ses ressources en eau, doit néanmoins partager celles-ci avec dix autres États du bassin du Nil : notamment avec l'Éthiopie où le Nil bleu prend sa source, et avec le Soudan où le fleuve serpente avant de déboucher sur le territoire égyptien. Quant à l'Irak et à la Syrie, ils sont tous deux à la merci de la Turquie, où les deux fleuves qui les alimentent, le Tigre et l'Euphrate, prennent leur source. L'eau de l'Euphrate a d'ailleurs souvent servi d'arme brandie par la Turquie contre ses deux voisins : grâce aux nombreux barrages qu'elle a érigés sur le cours supérieur du fleuve et qui lui permettent d'en réguler à sa guise le débit en aval, la Turquie possède là, en effet, un puissant moyen de pression.

Avec l'essor démographique et l'accroissement des besoins, ces tensions pourraient se multiplier à l'avenir. C'est ce que prédisent certains experts pour le XXIe siècle. D'autres en revanche pensent que la gestion commune de l'eau peut être un facteur de pacification. Ils mettent en avant des exemples étonnants de coopération : le plus fameux est celui de l'Inde et du Pakistan qui, au plus fort de la guerre qui les opposait dans les années 1960, n'ont jamais interrompu le financement des travaux d'aménagement qu'ils menaient en commun sur le fleuve Indus.

> **Document N°2**

Bataille pour l'eau

D'après le Monde Diplomatique, Mai 2016

Le changement climatique affecte déjà de manière significative le cycle hydrologique global, et cette situation parfois critique va empirer. Sans révolution planétaire en matière de gestion de l'eau, les inégalités – qui vont croissant – entraîneraient de lourdes conséquences sanitaires, sociales, environnementales et géopolitiques.

Le réchauffement climatique bouleverse les modèles météorologiques et le cycle hydrologique, modifiant la disponibilité des eaux de surface, l'humidité des sols et l'alimentation des nappes souterraines. En témoignent l'ampleur et la fréquence des catastrophes naturelles liées aux précipitations : inondations, sécheresses, glissements de terrain, cyclones... Le rendement des cultures sera menacé, tant dans les pays développés que dans les pays en voie de développement (PVD).

Pour nourrir la planète, la productivité agricole doit augmenter. L'irrigation devrait s'intensifier de

17 % au cours des vingt prochaines années. Or elle absorbe actuellement 70 % des prélèvements mondiaux, une consommation déjà excessive. Le facteur déterminant de la disponibilité en eau douce sera donc le taux d'expansion de l'irrigation et la promotion de techniques permettant de réduire les volumes d'eau qui lui sont consacrés.

Cinq cents millions de personnes vivent dans 31 pays qui sont en état de stress ou de pénurie hydrique. Or l'Organisation des Nations unies prévoit que, en 2050, 1,8 milliard d'êtres humains (sur 9,3) vivront dans des régions privées totalement d'eau et quelque 5 autres milliards dans des pays où il sera difficile de répondre à tous les besoins. L'équilibre entre la quantité disponible d'eau douce et une demande qui ne cesse de croître est déjà précaire. Entre 1950 et 1990, l'augmentation des prélèvements en eau a été plus de deux fois plus rapide que celle de la population. Le gaspillage d'eau domestique augmente avec l'amélioration du niveau de vie, les nouveaux équipements facilitant l'usage de l'eau : les Européens consomment pour leur usage quotidien huit fois plus d'eau douce que leurs grands-parents.

Les gaspillages qui pourraient être évités sont très importants : seuls 55 % des prélèvements en eau sont réellement consommés, contre 45 % perdus par drainage, fuite et évaporation lors de l'irrigation ou par faute d'étanchéité des réseaux de distribution d'eau potable.

En outre, plus la consommation d'eau augmente, plus les rejets d'eaux usées et d'effluents urbains sont importants. Or, selon les évaluations de l'Organisation mondiale de la santé, dans les PVD, 90 % des eaux résiduaires et 70 % des déchets industriels sont rejetés sans traitement préalable dans les eaux de surface, où ils polluent la réserve d'eau utilisable.

Les solutions existent pour diminuer la consommation en eau et limiter les pertes : rétablir les schémas naturels d'écoulement vers les bassins fluviaux, généraliser l'usage des techniques d'irrigation plus performantes, améliorer les structures de production et de distribution d'eau potable, lutter contre la pollution en assainissant les eaux usées, instituer des politiques de tarification à la fois efficaces et soutenables par les populations concernées... Un ralentissement de la croissance démographique atténuerait aussi la pression exercée sur les ressources en eau. Autant d'actions qui demandent des investissements financiers, techniques et humains bien supérieurs à ceux qui sont actuellement réalisés.

Clivage planétaire

A l'orée du XXIe siècle, l'inégalité face à l'accès à l'eau débouche sur un nouveau clivage planétaire. Affectés, eux aussi, par le changement climatique, les pays industrialisés, loin de remettre en question leur modèle de développement, optent pour une fuite en avant qui se traduit par le recours à des technologies de plus en plus sophistiquées : dessalement de l'eau de mer, réutilisation des eaux usées pour des usages agricoles, les loisirs, voire pour l'alimentation domestique.

Alors que s'opère un tel mode de gestion de la ressource, et que l'on n'a jamais autant parlé de l'eau, les pays pauvres subissent une diminution de l'aide publique au développement dans ce secteur. En l'espace de quelques années, les grands pays donateurs n'ont cessé de réduire leurs engagements. Laisser les PVD s'empêtrer dans leurs problèmes de pollution avec leur forte croissance démographique et en raison de la multiplication des mégapoles, c'est risquer de voir à terme une majorité de la population mondiale vivre dans des cloaques.

Un pays qui manque d'eau ne peut ni nourrir sa population ni se développer. L'accès à l'eau pourrait ainsi devenir l'une des premières causes de tensions internationales. Si rien ne change, le nombre des réfugiés environnementaux pourrait être multiplié par cinq d'ici à 2050. Les pays développés ne pourront plus longtemps éluder une véritable vision renouvelée de la question de l'eau.

➢ Document N°3

Comment la pénurie d'eau aboutit à la coopération plutôt qu'à la guerre

D'après *The New Scientist*, 31 août 2016

L'eau, ça compte. Dans le monde entier, nous commençons à en manquer. Pas dans l'absolu, mais là où, et au moment où, nous en avons besoin. Tout le monde s'attend à la « guerre de l'eau » : Amazon vend pas moins de 7 ouvrages en anglais portant ce titre. Mais si, en réalité, les pénuries d'eau entraînaient la coopération plutôt que le conflit ?

Le Royaume de l'eau raconte ce que son auteur britannique Philip Ball appelle l' « histoire secrète » de la Chine. Depuis sa fondation, la société chinoise s'est organisée autour de la gestion de l'eau. Les dynasties se sont montées, ou effondrées, selon leur capacité à contrôler les inondations provenant des crues du Fleuve Jaune, qui apportaient le limon fertile dans lequel leurs sujets plantaient et récoltaient leur subsistance.

A travers tous les aléas de la longue histoire ininterrompue de la civilisation chinoise, le contrôle de l'eau est la seule ligne directrice, de l'empereur Yu au « Grand Timonnier » Mao Tsé Toung, dont le régime communiste a construit plus de barrages que n'importe qui dans l'histoire du monde, et à ses successeurs. Confrontés à des sécheresses qui ont tari le Fleuve Jaune, les leaders actuels du Royaume de l'Eau ont réagi en creusant de gigantesques canaux destinés à apporter l'eau du fleuve Yang-Tsé-Kiang pour compenser.

Contrôler les grands fleuves de Chine a toujours requis une main de fer de la part du pouvoir central. Et quand les guerres arrivaient, les choses se passaient terriblement mal. En 1938, pour bloquer l'avance des envahisseurs japonais, les généraux chinois ont fait rompre les digues du fleuve Jaune. Résultat, des centaines de milliers de morts, presque tous des paysans chinois pris par les inondations et décimés par la famine, alors que la rivière ravageait cette plaine très peuplée.

La Chine fut, et demeurera, la civilisation hydraulique ultime. Comme l'écrit Ball : « L'eau décidera de l'avenir de la Chine ». Et à bien des égards, l'Ouest américain du 20ème siècle s'est avéré un digne successeur de l'Empire du Milieu. En domptant le puissant fleuve Colorado, qui coule vers le Sud, du Colorado au Mexique, et en distribuant son eau aux agriculteurs et aux villes, les ingénieurs modernes ont permis de développer d'étincelantes civilisations autour de villes du désert comme Los Angeles, Phoenix et Las Vegas.

Les tensions n'étaient jamais loin, car les autorités locales, les gouverneurs des états et les grands groupes agro-alimentaires étaient en compétition pour l'eau du fleuve Colorado (tensions immortalisées dans le film de 1974 *Chinatown*). Mais l'ouvrage de Fleck, passionnante odyssée journalistique intitulée : *L'eau, c'est bon pour les disputes*, comme le livre de Ball, montre que les conflits, justement, ont été notoirement absents. Au contraire, la nécessité de mettre l'eau au service de l'homme dans ces terres arides a fait qu'on a finalement conclu des pactes, recouru à la médiation, les vannes sont restées ouvertes, et l'eau a continué à couler.

Fleck met en valeur les réseaux de technocrates anonymes qui ont conclu les accords, et lentement encouragé leurs supérieurs à adopter des limites à l'usage auparavant prodigue de l'eau. Même à Las Vegas. Derrière le clinquant des ostentatoires fontaines d'hôtel, Las Vegas est aujourd'hui un modèle d'économies d'eau. Depuis 2000 sa population a augmenté de 34% alors que sa consommation d'eau a baissé de 26%.

Fleck avance l'argument assez convaincaint que la bataille de l'eau peut être gagnante pour tous. On peut faire des économies. Il peut y avoir aujourd'hui des accords entre une ville dans un état qui investit dans la conservation de l'eau par les agriculteurs d'un autre état, de manière à pouvoir réclamer pour elle l'eau ainsi économisée. Aujourd'hui les californiens irriguent les terrains de golf plutôt que les champs de luzerne, culture très gourmande en eau. En dernière analyse, « quand les gens ont moins d'eau, ils utilisent moins d'eau », écrit Fleck.

Sa démonstration emporte l'adhésion. Mais cela ne veut pas dire que les conflits n'existent pas. Les perdants, tandis qu'aux Etats-Unis on se partageait l'eau du Colorado jusqu'à la dernière goutte, ont été la nature et les mexicains.

CORRIGÉS DES TESTS

CORRIGÉ DU TEST 1

Partie 1

COMPRÉHENSION DE L'ORAL

25 points

■ **Exercice 1**

1. Compréhension du document sonore long

A. Transcription intégrale du document long : débat avec Thomas Picketty sur son livre *Le capital au 21ème siècle*, Europe 1, 6 mai 2014

Présentatrice d'Europe Soir – Il est 19h19, c'est l'heure des grands débats d'Europe Soir avec vous, Nicolas Poincaré : Thomas Picketty est face à Axel de Tarlé et Martial You d'*Europe 1*.

Nicolas Poincaré : Oui, et c'est un débat ce soir, Olivia, sur un phénomène : le succès, voire le triomphe, d'un livre français aux Etats-Unis, *Le capital au 21ème siècle*, le livre de Thomas Picketty qui se classe en tête des ventes ; des éditoriaux dans la presse américaine le saluent comme le livre le plus important de l'année, voire de la décennie, et ce best-seller, c'est un gros pavé, c'est le résultat de quinze ans de travail et de recherche sur les inégalités entre les riches et les pauvres.

Alors pourquoi ces chiffres provoquent un tel émoi aux Etats-Unis, on en débat jusqu'à 20 heures avec vous, Thomas Picketty, bonsoir.

Thomas Picketty : Bonsoir.

Nicolas Poincaré : Et vous êtes effectivement face au service Economie d'Europe 1, Axel de Tarlé et Martial You, première question, comment ça va les chevilles ? (1) Parce que, un million d'exemplaires, c'est ce qu'on vous prévoyait, des éditorialistes qui ont comparé votre livre avec celui de Tocqueville, *Démocratie en Amérique*, voire avec *Le Capital* de Karl Marx, il y a des prix Nobel qui saluent votre travail, comment ça va les chevilles ?

Thomas Picketty : D'abord, moi je suis très content, évidemment, du succès de ce livre ; c'est vrai, quand on écrit un livre comme ça, ça se veut un livre lisible, donc je suis content qu'il soit lu ; j'essaie de raconter l'histoire de l'argent, l'histoire des revenus, des patrimoines depuis la révolution industrielle dans une vingtaine de pays, d'une façon vivante, parce que l'histoire de l'argent, c'est plus que l'argent, c'est tous les conflits sociaux, politiques qui vont avec, les représentations dans la littérature de l'argent, des inégalités, et j'essaie de raconter cette histoire de façon vivante. Bon, c'était pas... C'était un livre international, c'était fait pour un public international, ça parle de plus de vingt pays, c'est des données qui ont été rassemblées avec une trentaine de collègues, T. Atkinson au Royaume-Uni, E. Saez à Berkeley, F. Alvaredo en Argentine, A. Banerjee en Inde, donc c'est un projet vraiment international, d'abord de collecte de données historiques, et puis après les gens peuvent en tirer les conclusions qu'ils veulent pour l'avenir. On peut être en désaccord complet avec toutes les conclusions que j'en tire pour l'avenir, et néanmoins trouver quelque intérêt à la narration historique qui constitue 90% du livre, et, je pense, c'est pour ça que ça marche bien, les gens s'intéressent aux inégalités depuis toujours et continueront de se disputer sur la répartition des richesses, toujours, c'est pas... Le livre ne va pas mettre fin à ça, mais au moins les gens savent un peu mieux pourquoi ils se disputent, quoi, grâce à ce qui est dans le livre, donc je pense que c'est ça qui est intéressant.

Nicolas Poincaré : Parce que c'est ça qu'on n'a pas encore dit, c'est un énorme travail, vous l'avez dit, une vingtaine de pays, deux siècles au moins voire parfois même plus, de chiffres et de données historiques, pour arriver à la conclusion, ben, que ces derniers temps, depuis le début du 21ème siècle, les riches sont de plus en plus riches et les pauvres de plus en plus pauvres ?

Thomas Picketty : Oui, enfin on ne peut pas résumer juste comme ça parce qu'il y a des forces qui vont aussi dans le bon sens, moi je...Il n'y a pas de conclusion unique. Peut-être la conclusion la plus importante c'est que l'histoire des revenus et des patrimoines, c'est pas une histoire uniquement économique, c'est une histoire politique, donc pour finir tout dépend des choix politiques, des institutions, dans le domaine de l'éducation, des impôts, mais pas seulement : l'éducation, l'inflation, la politique monétaire peuvent avoir beaucoup d'effets, bon, donc tout dépend de ce qu'on en fera.

Alors maintenant c'est vrai qu'il y a des tendances, et en particulier il y a cette tendance que je mets en évidence, sur le fait que dans des sociétés de croissance lente comme le sont les pays riches aujourd'hui, notamment en Europe et au Japon, avec une très faible croissance économique, une très faible croissance de la population, où le poids des patrimoines accumulés dans le passé retrouve une importance qu'on croyait avoir oubliée, alors on n'est pas tout à fait de retour à Balzac, mais c'est vrai qu'on a une importance du patrimoine qui pour les générations actuelles reprend des couleurs qui étaient pas là pour les générations de l'après-guerre, qui ont beaucoup plus accumulé par elles-mêmes, bon, tout simplement aussi parce qu'il n'y avait pas grand chose à hériter dans les années 50, 60, donc pour des raisons tragiques ; mais tout n'est pas noir dans cette évolution, il y a plein de bonnes nouvelles dans le livre, hein, je le dis tout de suite parce qu'il y a des gens qui ont des lectures apocalyptiques de tout ça avec lesquelles je ne suis pas en accord.

Nicolas Poincaré : Alors, on va en parler avec Axel de Tarlé et Martial You, mais encore un mot sur le succès, parce qu'il faut rappeler, donc ce livre, il était sorti au Seuil, *Le capital au 21ème siècle*, il y a six mois, à peu près, un petit peu moins, il avait eu un succès important pour un livre français, c'est à dire 50 000 exemplaires environ, ce qui est beaucoup, mais c'était pas l'événement que ça a été aux Etats-Unis. Le vrai succès, il vient d'arriver avec ce classement en tête des ventes d'Amazon ; ça, j'imagine, c'était quand même une surprise, non ? Qu'est-ce qui a déclenché ce succès là-bas ?

Thomas Picketty : Ben, je pense, ça résonne avec un souci des Etats-Unis actuellement sur l'inégalité, avec une remontée très forte des inégalités aux Etat-Unis ces trente dernières années, beaucoup plus forte qu'en Europe ; donc c'est vrai que le mouvement Occupy Wall Street, c'est pas un hasard si ça se passe à New York et pas à Bruxelles. En Europe on a d'autres soucis, la réforme de notre Etat-Providence, comment gérer notre dette publique, comment organiser l'Union Européenne, la zone Euro, sur lesquels le livre a aussi des choses à dire, mais c'est vrai que le souci inégalitaire, il est très fort aux Etats-Unis, donc le livre résonne par rapport à ça, et je pense que ce qui intéresse aussi aux Etats-Unis, c'est que j'essaie de remettre les Etats-Unis en perspective par rapport à leur propre histoire, enfin, vis-à-vis de l'inégalité. Les Etats-Unis ont une tradition égalitaire forte et ont eu pendant longtemps une structure sociale moins fortement inégalitaire qu'en Europe, et d'une certaine façon se sont construits contre les sociétés patrimoniales européennes, et pendant longtemps, d'ailleurs, ont inventé l'impôt progressif sur les revenus, sur les patrimoines hérités, à des niveaux beaucoup plus élevés que ceux pratiqués en Europe ; et puis après, sous Reagan, sont repartis avec ce même enthousiasme qui caractérise ce grand pays, dans la direction opposée, mais bon, c'est une histoire complexe, et les retournements futurs, bien malin celui qui pourra les prévoir...

(1) Référence à une expression populaire : « avoir les chevilles qui enflent » veut dire qu'on se croit très important ou supérieur aux autres, que le succès vous monte à la tête. Le journaliste veut demander à T. Picketty s'il ressent de la vanité par rapport au succès de son livre.

B. Corrigé des questions

1. Qui est Thomas Picketty ? 0,5 *point*

B. Un économiste

2. Comment s'intitule son livre ? *1 point*

   Le Capital au 21ème siècle

3. Citez trois preuves du succès de ce livre *1,5 points*

   (on peut accepter toutes les réponses parmi celles qui suivent)

   1. La vente d'un million d'exemplaires est prévue

   2. Il a reçu l'approbation de lauréats du Prix Nobel

   3. Des éditorialistes américains en parlent

   4. Il est en tête des ventes d'Amazon

   5. C'est un best-seller

4. Soulignez la bonne réponse *1 point*

B. Thomas Picketty dit que son livre est conçu pour le grand public

5. De quoi parle le livre de Thomas Picketty ? *2 points*

C'est une histoire de l'argent et de la manière dont les patrimoines, les fortunes, se sont constitués et transmis dans une vingtaine de pays au cours des 200 dernières années

6. Vrai, faux, ou on ne sait pas ? (cochez la case)   *2 points*

	VRAI	FAUX	On ne sait pas
Le livre est conçu uniquement pour un public français		X	
Il se vend dans le monde entier			X
De nombreux chercheurs étrangers ont collaboré à sa réalisation	X		
Le livre est très historique	X		

7. Selon Thomas Picketty, quelle est la grande question qui intéresse les gens et qui explique le succès de son ouvrage ?   *1 point*

La grande question est celle de l'inégalité entre riches et pauvres

8. Pense-t-il que son livre apporte la solution ? Justifiez votre réponse   *2 points*

Oui	Non
	X

Justification :

Thomas Picketty laisse entendre que son livre n'est pas là pour apporter des solutions, et que les gens peuvent tirer de son livre des conclusions différentes. Son livre est là pour expliquer de façon historique les inégalités économiques.

9. A quelle conclusion le livre arrive-t-il, selon le journaliste ?   *2 points*

Au 21ème siècle, les riches sont de plus en plus riches, et les pauvres de plus en plus pauvres

10. Thomas Picketty est d'accord avec cette interprétation. Vrai ou faux ?   *1 point*

VRAI	FAUX
	X

11. Thomas Picketty pense que les inégalités proviennent uniquement de facteurs économiques
   1 point

VRAI	FAUX
	X

12. Quelle est la tendance principale dans les pays développés actuels, que le livre met en évidence ?   *2 points*

Dans les pays développés la croissance de l'économie et de la population est lente, si bien que l'héritage, le patrimoine, sont très importants pour déterminer la richesse ou la pauvreté des gens, un peu comme au 19ème siècle.

13. Pourquoi, selon lui, son livre connaît-il un tel succès aux Etats-Unis ?   *2 points*

Parce qu'aux Etats-Unis les inégalités entre riches et pauvres sont encore plus importantes qu'ailleurs, malgré la forte tradition égalitaire de ce pays. Cette tradition égalitaire fait que l'accroissement des inégalités héritées est un réel sujet de préoccupation pour les Américains.

■ **Exercice 2**

1. **Compréhension documents sonores courts**

A. Transcription intégrale des documents courts 1 et 2 :

1) Quelqu'un se prépare à détruire Internet, **France Culture, 15 septembre 2016**

Présentateur : Xavier de la porte, une menace de poids pèserait sur Internet ?

Xavier de la Porte : Oui, et c'est très sérieux, c'est LE grand expert de la cybersécurité Bruce Shneier qui l'a écrit sur son blog hier ; je le cite : « Quelqu'un est en train d'apprendre à détruire Internet ». Ce sont ses mots. Quand Bruce Shneier dit quelque chose comme ça, il vaut mieux y prêter attention, alors il explique que depuis un ou deux ans, les entreprises critiques de l'Internet subissent des attaques précises, calibrées, dont le but semble être de tester leurs défenses, et d'évaluer les moyens nécessaires pour les mettre à bas ; c'est le cas, par exemple, de Verisign, dont le rapport trimestriel mentionne ce type d'attaques. Verisign, c'est l'entreprise américaine qui gère notamment les noms de domaine en .com et .net, donc pour le dire un peu vulgairement, si Verisign tombe, c'est un pan de l'Internet mondial qui disparaît.

Alors qu'est-ce que ces attaques ont de particulier ? Shneier l'explique très bien : les attaques les plus courantes sur Internet, c'est ce qu'on appelle les attaques en déni de service, en « Ddos » ; en gros, il s'agit d'empêcher les usagers de se rendre sur le site visé. Pour ça, même s'il y a des subtilités, le moyen est toujours le même : c'est adresser au site tellement de requêtes qu'il sature et devient inaccessible, c'est l'ensevelir sous les données.

Les attaques en déni de service sont vieilles comme Internet ; les hackers y recourent pour faire tomber les sites qu'ils n'aiment pas, les cyber-criminels pour obtenir des rançons (parce qu'on peut prendre en otage un site de cette façon). Il y a tout une industrie de la défense contre ces attaques en déni de services, mais à la base, ça revient toujours à une question de bande passante, c'est à dire de débit, pour parler en termes de plomberie : si l'attaquant en a plus que le défenseur, il gagne.

Depuis quelques mois, donc, les entreprises critiques de l'Internet subissent ce genre d'attaques en déni de services, mais ces attaques ont un profil particulier : elles portent sur un spectre plus large que d'habitude, et elles durent plus longtemps ; elles sont plus sophistiquées aussi. Mais surtout, elles donnent l'impression de tester des choses. Par exemple, une semaine, une attaque va commencer à un certain niveau, puis monter en grade (1), puis s'arrêter. Et la semaine suivante, elle va reprendre à ce niveau, puis monter encore, comme si elle cherchait l'exact point de rupture ; et puis ces attaques semblent configurées pour voir les contours de la défense : à chaque fois, elles utilisent différents points d'entrée en même temps, ce qui est assez rare, obligeant les entreprises à mobiliser l'ensemble de leurs capacités de défense, donc à montrer tout ce qu'elles ont à disposition, ce qui n'est jamais très bon.

Tout converge donc, selon Shneier, vers le constat que quelqu'un est bien en train de tester les défenses des entreprises les plus critiques de l'Internet mondial ; mais qui ? Shneier ne croit pas à un criminel, un activiste ou un chercheur ; ce genre de méthode passant par les tests infrastructure cenrale, ça ressemble beaucoup plus selon lui à des actes d'espionnage ou de renseignement, et puis la puissance et l'échelle de temps sur lesquelles s'étendent ces attaques désignent un état (...)

📞Le journaliste confond deux expressions, il veut sans doute dire « monter en puissance ».

📞 *L'exposition Chtchoukine*, France Culture, 21 octobre 2016

Présentateur : Zoé Sfez, le Journal de la Culture est consacré ce matin à l'exposition que la Fondation Louis Vuitton donne à la collection Chtchoukine, un industriel russe collectionneur mais aussi commanditaire de certaines des œuvres les plus importantes de l'histoire de l'art contemporain.

Zoé Sfez : Oui, alors moderne plutôt, parce que tout ça, ça se passe début du 20me siècle. Son nom, Sergeï Chtchoukine, alors c'est compliqué, ça s'écrit « Chtchoukine" mais moi j'ai compris qu'on dit "Chtoukine"; son nom est quasiment inconnu, il l'était aussi en Russie depuis près de 50 ans, et en fait cet homme, c'est un grand industriel russe qui a amassé, entre 1898 et 1914, une collection de peintures absolument mythique, considérée comme l'une des plus importantes, si ce n'est la plus importante du monde en matière d'art moderne; plus qu'un collectionneur, il fut surtout aussi un commanditaire crucial, notamment pour les jeunes Picasso et Matisse, dont on estime qu'ils n'auraient pas du tout été les mêmes peintres si Chtchoukine n'avait pas existé; cette collection, d'abord mise en valeur par le régime communiste à son arrivée au pouvoir, a finalement été dispersée par décret par Staline en 48. Chtchoukine, exilé à Paris, en perd une très grande partie, voire la quasi-totalité. La collection se retrouve éclatée à travers le monde, mais reste globalement en Russie où elle est bannie puisqu'elle incarne "l'art bourgeois". Sur les 278 oeuvres mythiques de cette collection, la Fondation Louis Vuitton a réussi à en (sic) présenter aujourd'hui 127. Alors les mots ne manquaient pas hier: "un miracle", "un prodige", "un rêve de conservateur", explique Anne Baldassari, l'ancienne directrice du Musée Picasso. Elle est la commissaire de cette exposition:

Anne Baldassari: Je crois que c'est le rêve de tout le monde, c'est le rêve des amateurs, des collectionneurs, des conservateurs... Depuis l'âge de 19 ans, je ne pense qu'à la collection Chtchoukine, parce que c'est la première collection d'art moderne au monde, avec celle des... celle qui a été créée à Paris par les Stein; elle dépasse celle des Stein en ampleur, en importance, et elle couvre tout l'arc de la création depuis l'impressionnisme, avec Monet et les autres, Sisley, Guillaumin, et jusqu'à Matisse et Picasso... On a 38 peintures de Matisse, et 50 de Picasso, on se rend compte que ça dépasse un ensemble même représentatif, en passant par les post-impressionistes Cézanne et

Gauguin, donc vraiment...Il y a environ 120 oeuvres, et elles sont ici, qui sont essentielles à la compréhension de l'histoire de la peinture.

B. Corrigé des questions

> **Document 1 :**

1. Le document fait référence à   *1 point*

C. de récentes attaques extraordinaires en déni de service sur internet

2. Le spécialiste Bruce Shneier pense que ceci a pour but   *1 point*

D. de tester les défenses des sites des entreprises

3. Selon lui, le but d'ensemble de ces opération est   *1 point*

A. l'espionnage ou le renseignement

> **Document 2 :**

1. Le document traite essentiellement   *1 point*

A. d'une grande exposition de peinture moderne

2. Chtchoukine   *1 point*

B. était un industriel russe amateur d'art et collectionneur

3. Selon Anne Baldassari   *1 point*

D. cette collection est essentielle à la compréhension de l'histoire de l'art moderne

Partie 2

COMPRÉHENSION DES ECRITS

25 points

A. Questions sur l'ensemble du texte

1. L'auteur de cet article *1,5 point*

B. est plutôt hostile à l'utilisation du référendum

2. Selon lui, le référendum *1,5 point*

C. doit faire l'objet d'une nouvelle critique démocratique

B. Première partie du texte

3. Donner 3 exemples de référendums sur des questions internationales et trois exemples de référendums sur des questions locales mentionnés dans le texte * *3 points*

pays	Référendum sur question internationale
Grande-Bretagne	Sortie de l'Union Européenne (Brexit)
France	Projet de constitution européenne de 2005
Pays-Bas , Slovaquie	Sortie de l'Union Européenne
pays	**Référendum sur question nationale ou locale**
France	Construction d'un aéroport à Notre-Dame des Landes
France	Rétablissement de la peine de mort
France	Loi travail

-On peut accepter également comme réponse : « France, référendum sur question internationale : sortie de la zone euro » et « France, référendum sur question internationale : traité européen rejetant les accords de Schengen »

4. À quoi servent les référendums, selon ceux qui les réclament ?   *2 points*

Pour ceux qui se disent du côté du peuple, les référendums servent à exprimer le mécontentement de la masse par rapport aux dirigeants qui ne font pas bien leur travail ou aux élites qui « trahissent ». Pour les politiques, les référendums servent à gagner contre les autres politiques.

5. Pourquoi, dans le passé, la gauche républicaine fut-elle opposée au référendum ?   *1 point*

Parce que les référendums servaient à approuver le pouvoir personnel d'hommes qui n'avaient pas obtenu le pouvoir démocratiquement. Ex : les Bonaparte

6. Quels commentaires hostiles aux votants ont été faits lors des référendums de 2005 et du Brexit ?   *1 point*

Les commentateurs ont dit que les électeurs étaient incompétents, c'est à dire qu'ils n'y connaissaient rien, et qu'ils avaient voté pour de mauvaises raisons.

C. Deuxième partie du texte

7. Quelle est l'erreur d'interprétation commise par les élites qui critiquent les choix des électeurs populaires ?   *2 points*

Les élites prétendent que le vote doit être un choix entièrement moral ou intellectuel, alors que ce n'est jamais le cas, même pour eux.

8. Qu'est-ce qui justifie la part de souveraineté laissée au peuple par le suffrage universel ?

1 point

Le choix des dirigeants a une influence sur la vie quotidienne des électeurs, et peut même avoir une influence sur leur mort en cas de guerre, il faut donc qu'ils aient leur mot à dire

9. Vrai, faux, ou on ne sait pas ?   *3 points, (1 pour chaque question)*

a. Selon l'auteur, le référendum ne comporte aucun risque moral ou éthique

VRAI	FAUX	On ne sait pas
	x	

b. Selon l'auteur, le référendum peut accentuer la division du pays

VRAI	FAUX	On ne sait pas
x		

c. Ce sont les indépendantistes et les autonomistes qui réclament des référendums

VRAI	FAUX	On ne sait pas
		x

10. La citation de William Thackeray signifie que   *1 point*

D. la discrétion sur ses opinions est indispensable à la vie en collectivité

Troisième partie du texte

11. Pourquoi l'auteur critique-t-il les formations politiques qui appellent à des référendums ?

1 point

Parce qu'elles le font par opportunisme, en se reposant sur les sondages d'opinion, plutôt qu'en pensant au bien collectif

12. Citez la phrase du texte montrant que l'auteur estime que l'on n'a pas encore assez réfléchi sur le référendum comme mode d'expression démocratique   *1 point*

« il n'existe pas, en effet, de réflexion vraiment substantielle sur les propriétés du référendum et les conséquences de son usage systématique »

13. La réponse à la question posée lors d'un référendum est-elle claire ? Justifiez votre réponse avec vos propres mots   *2 points*

OUI	NON
	X

Justification : **La réponse n'est pas claire parce que le choix de « oui » ou « non » qu'on oblige les gens à faire ne peut pas refléter la complexité de leur pensée. Des gens peuvent voter de la même manière tout en étant opposés par leur opinion.**

14. Vrai ou faux ?   *1 point*

	VRAI	FAUX
Le seul critère de vote des citoyens est leur opinion		X

15. Pourquoi l'auteur pense-t-il qu'il faut réfléchir à la composition du corps électoral si l'on veut avoir des référendums vraiment démocratiques ? Choisissez des exemples dans le texte pour illustrer votre réponse   *2 points*

L'auteur pense que les gens votent conformément à leurs intérêts, et pas seulement à leurs opinions. Quelqu'un qui a un intérêt matériel dans le résultat d'une politique est

influencé. Un fermier qui va perdre sa terre à cause de la construction d'un aéroport ne vote pas comme un chef d'entreprise qui veut prendre l'avion facilement.

16. Choisissez l'affirmation qui résume le mieux la conclusion de l'auteur sur le sujet du référendum : *1 point*

C. Le référendum est une illusion de démocratie sans pouvoir réel sur les états

Corrigé Partie 3

PRODUCTION ECRITE

25 points

■ **Exercice 1 : Synthèse de documents** *13 points*

Enjeux de la francophonie au 21ème siècle

La francophonie, communauté linguistique forte de 274 millions de locuteurs, s'est dotée depuis les années 70 d'une structure institutionnelle, l'Organisation Internationale de la Francophonie, et d'une dimension politique, le Sommet de la Francophonie ; tous les deux ans, celui-ci rassemble chefs d'état et responsables des 80 pays appartenant à l'OIF.

La francophonie, c'est bien plus qu'une langue partagée, ce sont des valeurs, et une vision commune du monde sur lesquelles on peut s'appuyer pour faire face ensemble aux défis du 21ème siècle. C'est le message qu'ont voulu envoyer les OING et diverses organisations de la société civile francophone réunies à Madagascar en prévision du Sommet de la Francophonie de novembre 2016 à Antananarivo.

En effet, il faut inscrire la francophonie dans le cadre d'un effort commun pour promouvoir un développement mieux partagé, plus solidaire et plus responsable ; il faut tendre la main aux jeunes tentés par la radicalisation, mieux articuler les décisions politiques avec la connaissance de terrain de la société civile, réfléchir ensemble à la façon de gérer la crise migratoire.

En ce siècle plein de défis, la francophonie et ses valeurs de tolérance, de solidarité peuvent être un atout pour forger de nouvelles alliances alternatives à celles du monde anglophone. Par exemple, pourquoi ne pas inciter l'Inde, qui semble favorable, à rejoindre la Francophonie en proposant un siège à l'OIF à l'antique territoire francophone de Pondichéry ?

■ Exercice 2 : Essai argumenté   *12 points*

Madame la Secrétaire Générale,

Je vous écris au nom d'une conférence de jeunes francophones du monde entier réunie à Madagascar en prévision du prochain sommet de la Francophonie. Je suis moi-même un écrivain comorien, et avec d'autres jeunes passionnés langue française, pous pensons que la communauté francophone peut aider au rayonnement du français, grâce à la littérature.

Aujourd'hui, de nombreux jeunes auteurs francophones sont publiés mais souvent peu lus dans leur propre pays, où une proportion très variable de la population maîtrise le français. Ce sont les classes aisées qui font enseigner le français à leurs enfants, afin qu'ils obtiennent des diplômes reconnus.

Nous pensons donc qu'il serait judicieux que l'OIF propose aux chefs d'états une grande initiative de démocratisation de la littérature francophone, en subventionnant la diffusion de livres bilingues français-langue locale pour tous les âges. Ces livres pourraient être proposés dans les écoles et vendus à un prix très bas. Ainsi pourrait-on donner à tous les enfants, dès leur jeune âge, le goût de la langue française et l'accès aux valeurs de la culture française ; c'est le moyen de former une jeunesse francophone accrue de par le monde, jeunesse qui a son tour diffusera la francophonie.

Nous avons eu ces jours derniers de longues discussions avec des jeunes venant de régions où le français est très peu représenté, comme par exemple l'Inde ; ils pensent, comme nous, qu'un effort devrait être fait pour développer l'enseignement du français en Inde, en se servant de Pondichéry comme base arrière. Il y a en effet là-bas de nombreux francophones qui pourraient diffuser la langue. Pourquoi ne pas inviter Pondichéry à rejoindre l'OIF ?

En espérant que ces suggestions retiendront votre attention, nous vous prions d'agréer nos respectueuses salutations.

Corrigé Partie 4

PRODUCTION ORALE

25 points

Thème de l'exposé: la préoccupation croissante du Bien-Etre Animal (BEA) en France

Introduction : Il y a en France, une longue tradition de combats en faveur des animaux, par exemple celui de Brigitte Bardot contre le massacre des bébés phoques, la lutte contre l'usage de la fourrure dans l'habillement, ou les campagnes de la SPA contre l'abandon des animaux domestiques ; mais plus récemment, s'est manifesté un intérêt croissant pour le bien-Etre Animal, qui concerne les animaux de ferme. Je me propose de définir le BEA, en évoquant égalements les raisons sur lesquelles les mouvements qui le promeuvent se fondent ; je parlerai aussi de la réaction des autorités, et de celle du grand public .

Développement : Depuis quelques années, des associations souvent d'origine britannique ou américaine comme le CIWF ou L214 se font entendre puissamment en France, réclamant une réglementation plus stricte en matière de Bien-Etre Animal. Il s'agit de faire pression pour l'amélioration des conditions d'élevage, de transport et d'abattage des animaux comme les bovins, les porcs et les volailles qui servent à l'alimentation humaine. Ces associations s'attaquent surtout à l'élevage industriel d'animaux enfermés, voire entassés, et aux abattoirs qui ne respectent pas ce que le CIWF a défini comme les droits des animaux. Il s'agit des « Cinq Libertés» du BEA : droit à l'eau fraîche et à une nourriture saine, confort, soins physiques, possibilité d'exprimer leurs comportements naturels dans un espace suffisant, protection contre les mauvais traitements et la souffrance psychologique.

Ces libertés sont inscrites depuis longtemps dans le droit français, et la loi évolue sans cesse pour s'en rapprocher, témoin la loi du 28 janvier 2015, par laquelle l'animal est désormais reconnu comme un « être vivant doué de sensibilité » dans le Code civil et n'est plus considéré comme un bien meuble. Malheureusement le cadre de la loi reste trop vague, il s'agit souvent de recommandations et non d'obligations concrètes. Toutefois, l'opinion publique française est de plus en plus sensibilisée aux abus et aux cruautés que subissent les animaux d'élevage, ceci grâce à l'information propagée sur Internet par les militants du CIWF et de L214, entre autres ; par le passé, on ne pensait pas que les animaux étaient conscients ou souffraient, mais de récentes recherches ont prouvé que les animaux ont un niveau parfois élevé de conscience et de souffrance, tout comme les humains ; ils sont même capable de ressentir la souffrance des autres animaux ; ces informations diffusées permettent au grand public de consommateurs de ressentir de la compassion et de l'empathie.

Mes les associations pro-BEA ont aussi des stratégies de choc : tout récemment, une vague de vidéos révoltantes ont fait le tour d'internet ; elles montraient, par exemple, des vaches tuées avec leur veau qui allait naître, ou des poules malades, sans plumes, entassées dans le noir pour produire des œufs. Les scandales obligent la chaine de la production agro-alimentaire à changer ses pratiques, car le public boude de plus en plus les produits issus de l'élevage et de l'abattage industriels. La filière du foie gras (dans laquelle les animaux sont gavés de force) souffre également d'une mauvaise image. Nombreux sont les consommateurs qui achètent les produits bio respectant le Bien-Etre Animal ; c'est ainsi que sous la pression, non pas de la loi, mais bien du public, les magasins de la grande distribution renoncent les uns après les autres à vendre les produits agro-industriels, comme les œufs de batterie.

De plus en plus de français réduisent leur consommation de viande, voire adoptent le végétarisme ou le véganisme. Est-ce seulement par compassion envers les animaux, par souci du Bien-Etre Animal ? Il n'y a sans doute pas que cela ; en effet, le souci environnemental s'ajoute : l'élevage est à l'origine d'une importante proportion de gaz à effet de serre et contribue au réchauffement climatique, qui inquiète nombre de gens ; et puis, il y a aussi des préoccupations de mode, de diététique et de santé.

Conclusion : Dans les années qui viennent, verrons-nous la France, traditionnellement grande consommatrice de produits animaux, changer radicalement ses habitudes alimentaires ? Le mouvement semble en tout cas bien amorcé, et il est presque certains qu'au moins les « mauvaises pratiques » d'élevage et d'abattage disparaîtront à relativement court terme.

Questions possibles du jury pendant l'entretien :

Pensez-vous que le Bien-Etre Animal est une priorité ?

Croyez-vous à la souffrance psychologique des animaux ?

Faudrait-il étendre les « 5 Libertés » à d'autres animaux que les bêtes d'élevage ?

Connaissez-vous des végétariens ? Quelles sont leurs motivations ?

Pensez-vous que le développement de l'homme sur la planète est compatible avec les droits du règne animal ?

Si vous étiez ministre de l'agriculture et de l'élevage de votre pays, quelles mesures prendriez-vous ?

TESTS DALF C1

Corrigé du TEST 2

Partie 1

COMPRÉHENSION DE L'ORAL

25 points

■ **Exercice 1**

1. Compréhension du document sonore long :

A. Transcription intégrale du document long : **Nicolas Hulot explique la COP 22 de Marrakech, Hit Radio (Maroc) 18 octobre 2016**

Journaliste : Nicolas Hulot, bonjour

Nicolas Hulot : Bonjour

Journaliste : Alors tout d'abord, merci de venir ici dans nos locaux de Hit Radio. On ne vous présente plus, vous êtes un homme politique, un journaliste – vous me dites si je me trompe, hein ?

Nicolas Hulot : Homme politique, je sais pas, je... au sens presque grec du terme, c'est-à-dire j'essaie comme beaucoup, d'influer sur la société pour qu'elle tienne compte d'un certain nombre de réalités, mais pas homme politique au sens : « qui prétend accéder au pouvoir ». Voilà.

Journaliste : Alors jusqu'à l'année dernière vous étiez, alors, j'ai peur de me tromper, envoyé spécial du Président pour la protection de la planète.

Nicolas Hulot : Oui, c'est vrai, j'ai eu une mission pendant trois ans auprès du Président français, sur tous les sujets, désertification, biodiversité, protection des océans, et évidemment très engagé sur la préparation de COP 21 auprès du Président français, et j'ai quitté ma mission au mois de janvier dernier.

Journaliste : Alors aujourd'hui justement on va parler d'environnement, et à quelques semaines de la COP 22, je vais vous poser des questions, ben, qui portent sur cet événement d'envergure. Alors, est-ce que vous pouvez nous rappeler ce qu'est la COP 22 en quelques mots ?

Nicolas Hulot : La COP 22, c'est la poursuite d'un cycle de conférences qui sont organisées par les Nations Unies ; comme son nom l'indique, c'est la 22ème du nom. La première était il y a 22 ans à Rio, et ça s'inscrit dans le cadre de ce qu'on appelle la Convention Cadre des Nations Unies sur les changements climatiques; c'est une concertation, une consultation, un processus juridique qui engage l'ensemble des états de la planète pour lutter contre le changement climatique. Voilà, donc chaque année, la communauté internationale se réunit pour définir un certain nombre d'objectifs. D'abord, avant de définir les objectifs, il a fallu que l'ensemble des états partage un constat et un diagnostic, c'est-à-dire, le constat-diagnostic, c'est que l'homme est responsable de changements climatiques, et que si on laisse ces changements climatiques évoluer, cela aura des conséquences tragiques pour l'ensemble de l'humanité ; et le constat, c'est que d'ores et déjà aujourd'hui, les changements climatiques affectent des centaines de milliers, voire des millions de personnes au quotidien, et les états se sont coordonnés et ont signé un accord à Paris pour essayer de lutter contre les changements climatiques et tout cela, c'est un processus, évidemment, qui se poursuit d'année en année.

Journaliste : Mais cette année, quels vont être les enjeux de cette COP 22 ?

Nicolas Hulot : Les enjeux de la COP 22, c'est d'identifier les solutions très concrètes qui vont permettre de réaliser les engagements que les états ont pris à Paris ; à Paris, la communauté internationale, les états, le Maroc, l'Allemagne, la France, l'Inde, chacun a pris sa part de responsabilités pour lutter contre le changement climatique ; ça, c'est une très bonne chose. Maintenant, il faut qu'on passe au temps des solutions et de l'action. Donc chacun doit dire : « Comment je vais réaliser mes objectifs ? », et chacun doit aussi essayer de s'enrichir des initiatives des autres, donc c'est vraiment le temps des solutions, mais surtout le temps de la cohérence ; parce que parfois il y a de la sincérité, en disant « je vais lutter contre le changement climatique, je vais réduire mes émissions de gaz à effet de serre », mais parfois dans cette sincérité il y a de l'incohérence ; c'est-à-dire qu'il faut maintenant distinguer ce qui est compatible avec les enjeux climatiques de ce qui n'est pas compatible, parce que pour lutter contre les changements climatiques, ça demande – et ça, chacun doit bien le comprendre – une révision en profondeur des modèles énergétiques, des modèles agricoles, et plus encore, des modèles économiques.

Journaliste : Est-ce que vous pensez qu'il y a certains pays qui sont encore incohérents dans leur politique justement par rapport à ça ?

Nicolas Hulot : La majorité des pays ; mais je dis ça sans facilité, voilà. Beaucoup n'ont pas encore compris que justement, pour tenir ses engagements, pour faire en sorte que d'ici 2050 nous soyons ce qu'on appelle « neutres en carbone », et bien ça demande des révisions en profondeur, qu'il va falloir, notamment, renoncer à exploiter les trois quarts des énergies fossiles que nous avons dans le monde, encore, facilement accessibles sous les pieds ; et beaucoup n'ont pas compris ça. J'ai, chez nous en Europe, dénoncé ces jours derniers la possibilité pour l'Europe de signer un accord de libre-échange entre le Canada et l'Europe parce que cet accord n'est pas compatible ; donc je fais pas de procès d'intentions, mon rôle à moi c'est de dire, voilà, tant qu'on signera ce type d'accords, tant qu'on continuera à subventionner les énergies fossiles, tant qu'on continuera à déforester, tant qu'on continuera à saccager nos océans, toutes nos intentions et nos promesses ne seront pas tenues. Et notamment Marrakech, il faut absolument – mais le faire en toute transparence, en toute clarté, mais en toute exigence – il faut dénoncer ce qui n'est pas compatible, et encourager ce qui est compatible, parce que s'il n'y a pas cette cohérence, et bien nos intentions seront démenties par nos actions.

Journaliste : Et-ce que vous pouvez donner un message de sensibilisation justement aux jeunes pour qu'ils se sentent plus concernés ?

Nicolas Hulot : Alors d'abord, ce qu'il faut bien qu'ils comprennent, c'est que leur propre avenir, ici au Maroc, chez nous en France, là-bas au Burkina Faso, se détermine en ce moment. Il ne faut pas qu'ils considèrent que tout ça leur est étranger, même s'ils ont des préoccupations immédiates : savoir ce qu'ils vont faire de leur vie, comment ils vont travailler, comment ils vont trouver du sens dans leur existence... Les changements climatiques, les conséquences des changements climatiques, positives ou négatives, déterminent tout leur avenir. Dit autrement, il faut absolument qu'ils se sensibilisent, qu'ils se « conscientisent », qu'ils se cultivent sur sujet-là, parce que c'est un sujet majeur, voilà ; c'est un sujet qu'on peut aborder avec inquiétude si on ne lutte pas contre le changement climatique, et qu'on peut aborder avec enthousiasme parce qu'il y a des solutions ; des solutions qui existent parce que l'homme est capable de grandes choses, pour peu qu'il ait bien identifié quelles sont ses priorités, voilà. Et c'est pas un sujet... souvent on met le changement climatique comme un sujet environnemental, en donnant le sentiment que c'est simplement la protection de la nature ; et là vous voyez comme le vocabulaire est important, on parle de protection de la planète ; et bien, qu'ils gardent bien à l'esprit que non, c'est pas vraiment la protection de la planète, parce que la planète, elle peut très bien se passer de l'humanité ; mais à l'inverse, l'humanité peut pas se passer de la planète, voilà. Et donc, on doit avoir une espèce de coalition pour protéger la planète, parce que protéger la planète, c'est protéger l'humanité. Voilà. Qu'ils se rendent compte que c'est LE combat du XXIème siècle, et si les jeunes ne s'en emparent pas pour pousser les politiques à de la cohérence, pousser les politiques à faire de leurs engagements, et des engagements climatique leur priorité, si la société civile ne se manifeste pas, si les jeunes ne s'expriment pas en disant : « Maintenant, agissez, on vous donne mandat pour ça », ça se fera pas spontanément, donc chacun, à son niveau, dans le comportement de citoyen, de consommateur, si demain ils votent, etc. il faut qu'ils donnent un signal très clair que ce sujet c'est leur sujet, c'est l'avenir de la jeunesse qui en dépend.

B. Réponses au questionnaire

1. Comment la journaliste décrit-elle Nicolas Hulot ? (2 éléments)   *1 point*

Un journaliste

Un homme politique

2. Est-il d'accord avec cette définition ? Justifiez votre réponse   *2 points*

B. Non

Nicolas Hulot explique qu'il est un homme politique seulement au sens où il essaie d'influer sur la société, et pas parce qu'il veut accéder au pouvoir

3. Cochez la bonne réponse   *1 point*

B. Nicolas Hulot a été l'envoyé spécial du Président français pour la protection de la planète jusqu'en janvier

4. Citez deux des sujets de sa mission (il y en a 4, au choix des candidats)   *1 point*

La désertification, la biodiversité, la protection des océans, la COP21

5. Comment Nicolas Hulot définit-il les COP ? *0,5 point*

C. Ce sont des conférences pour lutter contre le changement climatique

6. Sur quel constat l'ensemble des états se sont-ils accordés avant de définir des objectifs ?

2,5 points

C'est l'homme qui est responsable du changement climatique

7. Vrai ou faux ? *1,5 points*

	VRAI	FAUX
Seuls le Maroc, l'Allemagne, l'Inde et la France ont pris leurs responsabilités		x
La COP 22 abordera des points plus concrets que la COP21 de Paris	x	
La COP 22 demandera aux participants de dire quelles sont leurs solutions	x	

8. Selon Nicolas Hulot   (soulignez la proposition correcte) *0,5 point*

D. Les pays participants ont tous des politiques incompatibles avec leurs objectifs

9. Citez les 3 modèles qui devront être révisés en profondeur pour lutter contre les changements climatiques *3 points*

Le modèle énergétique, le modèle agricole, le modèle économique

10. Vrai, faux, ou on ne sait pas ? *3 points*

	VRAI	FAUX	On ne sait pas
L'objectif des COP est que nous soyons neutres en carbone d'ici 2050	x		
L'accord de libre-échange entre le Canada et l'Europe est compatible avec les objectifs de la COP21		x	
L'exploitation des trois quarts des énergies fossiles restantes est incompatible avec les objectifs de la COP21	x		
Les promesses des pays ne seront jamais tenues		x	

Pour remplir les objectifs, il faut protéger toutes les espèces animales		x
Il est inutile de dénoncer ce qui n'est pas compatible avec les objectifs sur lesquels les pays se sont engagés	x	

11. Que veut dire Nicolas Hulot aux jeunes ? Répondez avec vos propres mots. *3 points*

Il veut le dire qu'il faut qu'ils prennent conscience de l'enjeu, qu'ils s'informent, pour ensuite agir en faisant pression sur les décideurs politiques pour qu'ils tiennent leurs promesses environnementales, et enfin, en se comportant en consommateurs responsables. C'est important, parce que c'est leur avenir qui est en jeu. La planète n'a pas besoin de l'homme, mais l'homme a besoin de la planète.

■ **Exercice 2**

1. Compréhension documents sonores courts

A. Transcription intégrale des documents courts 1 et 2 :

1) Elisabeth Badinter, *Les inégalités salariales hommes/femmes, France Culture,* **8 novembre 2016**

La différence des salaires entre hommes et femmes dépend de plusieurs facteurs, et l'un des facteurs, qui est énorme, très lourd, c'est le fait que les femmes sont toujours comptables de la vie familiale. Tout le monde sait que depuis 30 ans, les fameux 80% de travail en plus qui pèsent sur les femmes par rapport aux hommes, a diminué de rien du tout, de quelques iotas ; ça fait 30 ans que, finalement, ça stagne. Et donc je voudrais simplement souligner que, au départ, hommes et femmes qui ont des diplômes identiques (je pense polytechniciens, polytechniciennes puisque j'ai été prof à Polytechnique), pendant deux, trois ans, quand ils sortent de l'Ecole, ils gagnent la même chose, et puis à un moment, le polytechnicien s'envole et la polytechnicienne stagne.

2) *Extrême pauvreté : l'impossible décompte,* **Marie Viennot,** France Culture 17/10/2016

Présentatrice : Le billet économique, Marie Viennot

Journaliste : Bonjour Marie

Marie Viennot : Bonjour Guillaume, bonjour à toutes et à tous

Journaliste : C'est aujourd'hui la journée mondiale pour l'élimination de la pauvreté, et vous,

vous souhaitez nous parler de l'extrême pauvreté ce matin.

Marie Viennot : Oui, c'était l'objectif numéro 1 fixé par l'ONU en 2000, dans ce qu'on a appelé les **Objectifs du millénaire pour le développement**. Il y en avait 8 en tout, et le premier était de réduire de moitié l'extrême pauvreté d'ici 2016. Alors, l'extrême pauvreté, c'est, dans la définition de l'ONU, vivre avec moins de l'équivalent de 1 dollars 25 par jour.

L'objectif aurait été atteint – je dis « aurait », vous allez comprendre ensuite pourquoi – aurait été atteint avec 5 ans d'avance. Aujourd'hui 836 millions de personnes vivent encore dans l'extrême pauvreté, c'est 11% de la population mondiale. Mais il y a 25 ans, ils étaient un milliard de plus. Passer d'un milliard 800 millions à 836 millions, c'est donc un mieux indéniable, mais il y a un « mais »…. Dans le détail ces chiffres sont sujets à caution.

Journaliste : Expliquez-nous pourquoi ?

Marie Viennot : Et bien, manque de données statistiques (j'ai du mal à le dire) fiables, tout simplement. Actuellement, la Banque Mondiale, le bras statistique et financier de l'ONU, travaille sur 140 pays en développement, or la moitié d'entre eux, 77 exactement n'ont pas de données adéquates pour mesurer la pauvreté.

B. Corrigé des questions

> **Document 1 :**

1. Le sujet du document est   *1 point*

B. la cause des inégalités salariales entre hommes et femmes

   2. L'intervenante pense que   *2 points*

C. la répartition des tâches familiales entre hommes et femmes n'a pas changé en 30 ans

> **Document 2** *(cochez la case, une seule réponse possible)*

1. Le sujet du document est   *1 point*

A. la difficulté de calculer l'extrême pauvreté réelle dans le monde

2. Marie Viennot   2 points

C. pense que les statistiques fournies par la Banque Mondiale ne sont pas exactes

Partie 2

COMPRÉHENSION DES ECRITS

25 points

A. Questions sur l'ensemble du texte

1. Pour combattre le racisme, cet essai tente (*1 seule réponse possible*)   2 points

B. de montrer que l'étude de la diversité des cultures est plus pertinente que celle des races en elles-mêmes

2. Vrai ou faux   *1 point*

	VRAI	FAUX
Les cultures humaines doivent être étudiées une par une		x
Il faut étudier les rapports des cultures humaines entre elles avant tout	x	

B. Questions sur la première partie du texte

3. Citer une phrase de la première partie du texte qui montre que Lévi-Strauss ne croit pas en la théorie des « caractéristiques psychologiques de race »   2 points

<u>ON PEUT ACCEPTER DEUX CITATIONS :</u>

« ...rien, dans l'état actuel de la science, ne permet d'affirmer la supériorité ou l'infériorité intellectuelle d'une race par rapport à une autre ...»

« Quand on cherche à caractériser les races biologiques par des propriétés psychologiques particulières, on s'écarte autant de la vérité scientifique en les définissant de façon positive que négative »

4. Vrai, faux, ou on ne sait pas ?   3 points

	VRAI	FAUX	On ne sait pas
Gobineau voulait prouver que les races sont de valeur inégale		x	
Gobineau pensait que le problème, c'est le mélange des races	x		
La théorie de Gobineau a justifié le racisme institutionnel	x		

5. Selon Claude Lévi-Strauss, y a-t-il une relation entre la race biologique et la culture ?
1 point

OUI	NON
	x

6. En quoi la diversité sociale, intellectuelle, culturelle des groupes humains se différencie-t-elle de leur diversité raciale ? (2 éléments)   2 points

1. Il y a beaucoup plus de cultures que de races

2. La diversité entre les cultures soulève de nombreuses questions fondamentales alors que la diversité des races n'a pas vraiment d'intérêt

≠. Questions sur la deuxième partie du texte

7. Expliquez pourquoi Claude Lévi-Strauss estime important d'étudier de près la diversité des cultures pour lutter contre le racisme de « l'homme de la rue »   *3 points*

C'est parce que l'homme de la rue risque de demeurer raciste en croyant à la supériorité ou à l'infériorité des cultures, qui remplacerait la croyance en la supériorité ou l'infériorité des races

8. Vrai ou faux ?   4 points

	VRAI	FAUX
Il est possible d'étudier toutes les cultures humaines et de les comparer		x
Les cultures sans écriture posent un problème car elles ne laissent pas de traces	x	
Les historiens ont un gros avantage sur les ethnographes		x
Lévi-Strauss veut montrer que les cultures humaines forment un tout harmonieux		x

D. Questions sur la troisième partie du texte

9. Les cultures tendent-elles toujours à se différencier les unes des autres ? Justifiez votre réponse avec vos propres mots   *2 points*

Non, les cultures parfois convergent et s'imitent les unes les autres, comme le montre l'exemple de la langue russe qui copie certains traits du turc alors qu'elle n'a pas les mêmes racines linguistiques

10. Choisissez la proposition correcte   *2 points*

C. le niveau de particularisme ou de convergence des sociétés est influencé par les rapports qu'elles ont entre elles

11. Quelles conclusions tire l'auteur de son raisonnement ? (Plusieurs réponses possibles)

3 points

B. pour bien étudier les cultures il faut comprendre qu'elles sont toujours en évolution

C. les populations totalement isolées des autres sont extrêmement rares

E. Les groupes humains ont une tendance inhérente à la fois à se différencier des autres groupes, et à les imiter

Corrigé Partie 3

PRODUCTION ECRITE

25 points

■ **Exercice 1 : Synthèse de documents**   *13 points*

La France en concurrence pour l'accueil d'étudiants étrangers

La France attire de plus en plus d'étudiants étrangers : chaque année ils sont environ 270 000, soit 6,8% du total mondial, ce qui lui donne le 3ème rang derrière les Etats-Unis et la Grande-Bretagne. Ceci est dû à la qualité de l'enseignement supérieur, qui reste élevée, à une active politique de promotion de l'enseignement français par des organismes d'état comme Campus France, mais aussi au prestige de la France.

Ces étudiants sont un atout économique, et plus tard, devenus actifs dans leur pays, ils tisseront des liens entre celui-ci et celui où ils ont étudié.

D'autres pays, en particulier des pays émergents d'afrique et d'asie l'ont compris, aussi depuis quelques années la France se retrouve-t-elle en compétition serrée dans une « guerre des talents »avec des établissements d'enseignement supérieur en Afrique. Ceci explique une baisse ces dernières années, de la proportion des étudiants venus d'Afrique dans l'hexagone.

Ceux-ci restent tout de même le plus gros groupe : 130 000 étudiants africains (dont plus de la moitié du Maghreb) sont présents en France chaque année, soit 43% du total. 78% de ces étudiants sont en université, le reste se répartit dans les classes préparatoires et les grandes écoles.

Certains expliquent que l'attractivité de la France s'exerce surtout sur les pays émergents en raison des faibles coûts d'une scolarité de qualité dans ce pays. Mais cela pourra-t-il durer avec les restrictions budgétaires, et les restrictions instaurées sur les visas ? (239 mots)

■ **Exercice 2 : Essai argumenté**   *12 points*

Ma chère Y,

Comme tu le sais sans doute, je dois bientôt décider d'une destination pour mes études, et du contenu de celles-ci. J'hésite encore sur la filière : études d'ingénieurs ou études de management ? J'hésite aussi sur le choix du pays où les effectuer. Comme je suis francophone, avec un assez bon niveau de français, j'ai bien sûr pensé à la France, qui accueille entre 20 et 30 % d'étudiants étrangers dans ses classes préparatoires et ses grandes écoles ; celles-ci sont, comme tu le sais, d'un excellent niveau, et délivrent des diplômes d'une grande valeur internationale. J'ai pensé à préparer peut-être l'Ecole Centrale ou HEC pour les études de management.

L'avantage, bien sûr, c'est que je parle la langue, que j'aime la France, et que le coût des études y est bas, du moins dans les classes préparatoires et les écoles d'ingénieurs. Il y a bien sûr aussi les universités, où les frais d'inscription sont parmi les plus bas du monde pour un enseignement de haute qualité. L'organisme Campus France m'a fourni beaucoup de renseignements là-dessus et m'a donné vraiment envie d'y aller.

Mais d'un autre côté, je suis tenté par certains établissements d'enseignement supérieur en Afrique ou en Chine, car certains ont une excellente réputation, qui monte ces dernières années. J'en ai parlé avec un ami qui est à l'Ecole Centrale de Pékin et qui est enthousiasmé. Bien sûr, mon anglais est moins bon que mon français, et je ne parle pas le chinois, mais ce serait l'occasion d'apprendre et d'élargir mes horizons. Qu'en penses-tu ? Ton avis me serait précieux, et j'attends de tes nouvelles avec impatience.

Amitiés,

X

Corrigé Partie 4

PRODUCTION ORALE

25 points

Thème de l'exposé : L'égalité hommes-femmes en France

Introduction : Je vais vous parler aujourd'hui de l'inégalité entre hommes et femmes en France, surtout de l'inégalité en matière économique et politique, car c'est là que la France a des faiblesses. Je traiterai d'abord des progrès accomplis (1) pour ensuite aborder les points noirs qui subsistent (2), et enfin parler des problèmes que rencontre le processus égalitaire par rapport à la loi et à la société (3).

Développement: 1)La France occupe le 15ème rang mondial en termes d'égalité hommes/femmes en 2016. C'est le reflet de 200 ans d'évolution positive au cours desquels les femmes ont progressivement acquis des droits, d'abord par rapport à leurs maris (droit à la propriété en propre, statut civil) et à leurs employeurs (protection dans le droit du travail). Les études et l'emploi se sont ouverts progressivement à elles à partir de la fin du XIXème siècle. En dernier sont venus les droits politiques, avec le droit de vote et l'égibilité après la 2ème guerre mondiale.

La représentation politique des femmes en France est toutefois demeurée très faible, même avec le droit de vote, aussi à partir de la fin du XXème siècle la loi française s'est-elle efforcée accélérer ce qu'on appelle la parité en politique : un nombre égal d'hommes et de femmes à tous les échelons du pouvoir politique, et au-delà, à tous ceux de la sphère économique. Il s'agissait, grâce au rôle moteur de la politique, d'amener l'ensemble de la société à un comportement plus égalitaire.

2)Ce n'est pas encore acquis : aujourd'hui la France a un excellent rang mondial en matière d'égalité hommes/femmes dans le domaine de l'éducation (il y a même davantage de femmes dans l'enseignement supérieur, et les filles réussissent mieux que les garçons à l'école) et également en matière de santé, la France est beaucoup plus mal classée pour ce qui est des aspects économique et politique, et d'un manière générale l'accès des femmes aux postes de pouvoir et de responsabilité (entreprises, haute fonction publique)

Ainsi, si la parité est respectée au gouvernement, l'Assemblée Nationale ne compte qu'environ un quart de parlementaires femmes. C'est encore plus faible au niveau local : seulement 16% de maires, une seule présidente de région.

En termes économiques, les femmes sont encore très désavantagées : seules 18% des créateurs d'entreprise sont des femmes, les salaires des femmes sont en moyenne inférieurs de près de 20 % à ceux des hommes. Il y a plus d'hommes actifs que de femmes, et elles occupent davantage les emplois non qualifiés, sont plus touchées par le chômage et l'emploi précaire ou partiel, et par la pauvreté lorsqu'elles ont atteint la vieillesse. Quand elles achètent un logement, c'est plus tard que les hommes.

Cela tient-il à la très inégale répartition des tâches familiales, comme l'affirment de nombreuses féministes? En effet, dans une famille avec enfants, c'est la femme qui reste responsable à près de 80 % de la charge. Ceci est sans doute un handicap pour entrer en compétition égale avec les hommes sur le terrain professionnel.

Mais d'autres pensent que c'est le regard de la société sur les femmes qui est reponsable – et les femmes partagent ce regard, ce qui rend les choses plus difficiles. Nombreuses sont celles qui choisissent des postes plus modestes par crainte de se retrouver dans un milieu d'hommes et de subir une pression accrue.

3) La loi seule a-t-elle le pouvoir de changer cela ? Il n'est pas certain que la contrainte légale puisse imposer un changement de la société, si celle-ci n'est pas prête ni convaincue, et il peut y avoir des effets pervers. La parité en politique, ou la loi Copé-Zimmerman qui impose une meilleure représentation des femmes dans les conseils d'administration des entreprises, en sont de bons exemples

En effet, le législateur a pris des mesures coercitives, pariant sur la discrimination positive en faveur des femmes, notamment en politique, pour une parité effective. Mais le débat demeure et jette un doute que certaines femmes, elles-mêmes, regrettent. L'électeur choisit-il une femme pour ses qualités personnelles ou pour sa qualité de femme ? Figure-t-elle sur une liste de candidats en position éligible pour ses compétences ou parce que c'est obligatoire ? La même question se pose pour les femmes membres des conseils d'administration « de force ».

Il paraît difficile d'aller plus loin sur un plan législatif, et ce sont plutôt certains comportements ou visions de la société qu'il convient de faire évoluer. Les droits étant les mêmes, reste à les faire comprendre, accepter et appliquer.

Conclusion : Il ne faut pas perdre de vue que a lutte pour la parité apparaît comme une question propre aux pays développés, alors que dans de nombreux États la femme n'a même pas encore acquis un minimum de droits civils. La dimension internationale du combat conduit sans doute la France à "montrer l'exemple".

Questions possibles du jury pendant l'entretien :

- Pensez-vous que l'égalité absolue hommes-femmes est possible, dans la mesure où ils sont différents ?

- A votre avis, est-ce que la loi peut changer la société ?

- Que pensez-vous que les femmes peuvent apporter à la politique (en France ou dans votre pays) ?

- Comment expliquer que la France est en tête de l'égalité hommes-femmes pour l'éducation et la santé, mais très en retard pour la politique et les salaires ?

CORRIGÉ DU TEST 3

Partie 1

COMPRÉHENSION DE L'ORAL

25 points

■ **Exercice 1**

1. Compréhension du document sonore long

A. Transcription intégrale du document long : « Le peuple est une réalité complexe et composite » Patrick Buisson, Julien François et Stéphane Robert, France Culture, 12 octobre 2016

Présentateur : Aujourd'hui, à la lettre P comme « peuple » nous recevons Patrick Buisson donc pour son dernier ouvrage, *La cause du peuple.*

Stéphane Robert : Votre définition de ce qu'est un peuple ? C'est quoi un peuple ? Et, question subsidiaire, est-ce qu'il y a un peuple français, et qu'est-ce qu'est le peuple français ?

Patrick Buisson : Ecoutez, « peuple » c'est une réalité complexe, composite ; il y a eu le « peuple prolétariat », l'assimilation au 19ème, au début du 20ème siècle, la définition purement sociologique a prédominé ; il y a un « peuple démos », il y a un « peuple politique ». Il est l'un des acteurs – il fut l'un des acteurs de l'histoire de France ; tout le problème est de le réinstituer comme acteur souverain de son destin aujourd'hui ; on voit bien quels sont les moyens institutionnels pour l'en priver. Et puis il y a un « peuple ethnos », dans lequel l'identité est un facteur essentiel. Dans le populisme aujourd'hui on ne voit que la protestation identitaire, celle de l'insécurité culturelle. Je crois – parce qu'on se trompe dans cette analyse – que la dimension protestataire, sur la demande de démocratie, un hyperdémocratisme (le mot n'est pas de moi, il est de Talieff). Le populisme est une forme d'hyperdémocratisme, la volonté de récupérer son destin. Valéry a anticipé la définition de ce qu'est notre post-démocratie : « l'art d'empêcher les gens de se mêler de ce qui les regarde ». Nous y sommes.

Stéphane Robert : Votre ouvrage s'intitule *La cause du peuple*. Si quelqu'un n'est pas d'accord avec la vision que vous avez du peuple et pourrait par exemple être fédéraliste européen, est-ce qu'il fait quand même pour vous partie du peuple français ?

Patrick Buisson : Mais parfaitement, je ne vois pas pourquoi on l'exclurait au nom de ses choix politiques et de ses critères politiques ; il y a simplement un précipité de l'histoire qui existe encore, qui est effectivement, à travers une histoire collective, une forme de sociabilité, qui a fait LA société française pendant plusieurs siècles ; ces valeurs-là, ce qui fondait le lien social, c'est bien le problème aujourd'hui, c'est qu'elles ont été déconstruites, destructurées, et que nous ne savons comment nous devons refaire « nation » ou comment nous pouvons refaire « société » aujourd'hui. Tous les symptômes des dé-liaisons sociales qui se sont accumulées depuis 50 ans en France n'ont pas été traités. Elles n'ont pas été traitées par les politiques, pour la simple raison qu'ils ne les analysent pas, ils les ignorent, et ils considèrent... Ils sont prisonniers de l'économisme, voilà. Pouvoir d'achat, chômage, croissance, c'est le triangle carcéral de la pensée politique aujourd'hui en France, alors qu'on voit bien que les ressorts du vote sont ailleurs.

Stéphane Robert : Vous dites que le peuple, c'est une réalité assez complexe, mais vous semblez avoir – enfin, c'est ce qui ressort, de mon point de vue en tout cas, du livre, une vision, une conception assez identitaire, en tout cas c'est quelque chose de très fort chez vous. Je vous cite : « L'abandon de la politique assimilationniste qui faisait des français de souche des modèles à imiter provoque », dites-vous, « une érosion de l'estime de soi, de la confiance collective, du sentiment d'unité et de fierté nationale. »

Patrick Buisson : C'est vrai. C'est vrai, je pense que ce capital immatériel est quelque chose auquel sont attachés les Français ; ce capital immatériel, c'est quelque chose que l'économie ne sait pas produire et ne peut pas produire, et c'est au cœur des scrutins depuis dix ans, vint ans, partout en Europe et même d'ailleurs au-delà de l'Europe puisque ce clivage entre identité et diversité passe à travers toutes les grandes démocraties ; et moi je n'ai aucune obsession identitaire. Ce n'est pas moi mais la gauche qui a remplacé la question sociale par la question ethno-raciale, en faisant de l'appartenance à une ethnie le critère de redistribution, par exemple avec la Politique de la Ville. Cette obsession identitaire, elle est à gauche, elle n'est pas, en tout cas pas dans mon propos.

Stéphane Robert : François Julien, vous êtes l'invité de la dernière partie de *La Grande Table* pour votre ouvrage *Il n'y a pas d'identité culturelle,* que pensez-vous justement de cette question identitaire telle qu'on vient de l'aborder ?

François Julien : Moi je pense qu'elle est mal posée, c'est à dire que ce n'est pas en termes d'identité qu'on peut parler de culture, et la proposition qui est la mienne, c'est de parler de ressources culturelles, de fécondité culturelle, et ce que nous avons je crois à explorer, à exploiter, à développer c'est ça. Et le débat aujourd'hui, pour moi, c'est quelles sont les ressources culturelles en France ? Le terme d' »identité » me paraît ne pas convenir, parce que « identité » évidemment conduit à « identitaire », et parce que s'il y a une identité il faudrait définir quelle est cette identité. Or quelle serait la définition de l'identité culturelle française ? Soit on se limite à quelques traits schématiques, pseudo-caractéristiques, mais on voit à ce moment-là que ce qui est intéressant, c'est ce qui échappe à ça, soit on... donc je crois que l'identité découle de différences, je ne crois qu'il y ait une différence culturelle caractéristique puisse être...effectivement conduire à une définition de la culture française.

Stéphane Robert : Patrick Buisson, vous auriez une définition de l'identité culturelle française ?

Patrick Buisson : Ecoutez, moi mon propos est plus modeste, c'est celui d'un politologue ; j'entends tout à fait le propos de Monsieur sur les ressources culturelles et la difficulté de définir une identité culturelle ; alors pour le débat, le débat que nous pourrions avoir mais qui serait d'ordre philosophique, je sais pas, anthopologique peut-être, c'est très intéressant, mais là n'est pas la question. Moi, ce qui m'intéresse, c'est l'identité comme mythe politique. Les mythologies politiques sont les ressorts du vote ; pour moi c'est incontestable. Le mythe de l'égalité a longtemps fonctionné au profit de la gauche. Aujourd'hui le fait important, je dirais historique, c'est que c'est le Front National – on peut le regretter et personnellement je le regrette – qui est en train de récupérer ce mythe de l'égalité à son profit, qui a été le patrimoine idéologique de la gauche, et le ressort électoral de la gauche, avec l'idée de progrès, pendant un siècle. Le mythe de l'identité fait partie de la mythologie qui constitue le ressort principal du vote, en France ou ailleurs. On le voit bien, ce ne sont pas les problèmes économiques, ce ne sont pas même les données, ce que l'ont peut appeler l'insécurité culturelle qui sont le moteur de ce vote, mais le sentiment d'appartenir à une communauté, à une collectivité, avec une histoire. En politique, les perceptions sont les faits, peu importe que les faits ne correspondent pas à la définition philosophique ou historique que vous pouvez donner d'une identité : c'est le ressenti, la perception qui constituent le moteur du vote

Présentateur : Stéphane Robert ?

Stéphane Robert : Vous mettez l'accent beaucoup dans votre livre sur la... cette fracture grandissante entre le peuple et les élites, et notamment sur le fait que le Président de la République en France aujourd'hui est toujours considéré comme un monarque, enfin comme un monarque républicain en quelque sorte, mais qu'il n'incarne plus du tout cette fonction-là, est-ce que c'est une traduction de cette rupture entre peuple et élites ?

Patrick Buisson : Oui, je crois que Marcel Gaucher a une excellente définition : nous sommes un pays de tradition chrétienne, et qu'on le veuille ou non le pouvoir s'exerce par incarnation plus que par délégation, et Gaucher dit que c'est un concentré de religion à visage politique, un monarque républicain. Et bien, depuis Mitterrand, c'est à dire depuis De Gaulle, mais Mitterrand a incarné a à un certain moment, les incarnations ne sont plus réussies ; ce qui peut susciter du respect, fonder une légitimité... Qu'est-ce qui fonde une légitimité ? C'est le vote d'abord, mais derrière, le sens du bien commun et du service de la communauté, de la collectivité ; or aucun des présidents qui se sont succédé depuis maintenant dix ans n'est parvenu à accréditer l'idée qu'il était au service de l'intérêt général, et qu'il faisait passer l'intérêt général avant sa personne propre ; le problème c'est que les personnes l'emportent sur la fonction aujourd'hui : c'est tellement visible que j'ai dit qu'il s'agit des présidents « selfie ».

B. Réponses au questionnaire :

1. Quel est le titre du livre de Patrick Buisson ?   *1 point*

La cause du peuple

2. Le sujet de cet ouvrage est   *1 point*

D. le sentiment qu'a le peuple français de ne plus maîtriser son destin

3. Quelles sont les 3 définitions du peuple que donne Patrick Buisson ?   *3 points*

1. Le prolétariat, qui était le sens donné au mot « peuple » par le passé

2. Le peuple politique, qui a fait l'histoire de France (peuple « démos »)

3. Le peuple « ethnos » qui se définit par une identité culturelle

4 Vrai ou faux ?   *1 point*

	VRAI	FAUX
Dans la « post démocratie », on empêche le peuple d'exercer sa souveraineté	X	

4. Citez deux éléments qui ont fondé la société française pendant plusieurs siècles selon P. Buisson
1 point

Une histoire partagée

Un certain lien social

5. Choisissez la proposition correcte *1 point*

A. les valeurs sur lesquelles se fondaient le lien social ont été déconstruites

6. Quel reproche fait P. Buisson à la pensée politique aujourd'hui ? *1 point*

Elle est enfermée dans l'économisme. Les hommes politiques ne pensent que chômage, croissance et pouvoir d'achat, alors que les gens ne votent pas pour ça.

7. Vrai, faux, on ne sait pas ? *3 points*

	VRAI	FAUX	On ne sait pas
Le journaliste pense que P. Buisson a une conception identitaire du peuple	x		
P. Buisson est d'accord avec cette interprétation du journaliste	x		
P. Buisson est opposé à la politique d'assimilation des immigrés		x	
Selon lui, les électeurs sont davantage préoccupés par l'économie que par les questions identitaires	x		
La gauche a remplacé la question de la justice sociale par la question de l'égalité ethno-raciale	x		
P. Buisson déplore le clivage identitaire des grandes démocraties			x

8. Pour François Julien, le second invité, quel est le vrai débat ? *2 points*

Le vrai débat, ce sont les ressouces culturelles dont la France dispose

10. Peut-on, selon lui, définir l'identité culturelle française ?   *1 point*

OUI	NON
	X

Cochez les propositions correctes (plusieurs choix possibles)   *2 points*

A. Patrick Buisson s'intéresse à l'identité culturelle française parce que les gens votent par rapport à elle

C. selon P. Buisson, les réalités n'ont pas d'importance, seules comptent les représentations

11. Que reproche P. Buisson aux présidents qui se sont succédé en France depuis dix ans ?

2 points

Ils n'ont pas donné aux gens l'impression qu'ils travaillaient pour le bien de la collectivité

■ **Exercice 2**

1. Compréhension documents sonores courts

A. Transcription intégrale des documents courts 1 et 2 :

1) Document N°1 : *En Chine, le face-kini fait fureur sur la plage*, TV5 Monde, 17 juillet 2015

Journaliste : C'est un masque qui pourrait vous faire passer pour un terroriste, une « Pussy Riot »(1), ou encore un catcheur mexicain. Cette bizarrerie pullule sur les plages de la province de Qingdao ; pas de hasard, c'est ici que vit sa créatrice : Zhang Shi Fang, 59 ans, confectionne depuis 2004 ces cagoules en nylon sur cette vieille machine à coudre

Zhang Shi Fang : *Dans le passé je voulais tout faire pour éviter d'effrayer les gens, mais ils ne s'y habituaient pas, alors j'ai pensé, pourquoi je ne m'inspirerais pas des personnages de l'Opéra de Pékin que le peuple chinois aime tant ? Comme ça, les enfants n'auraient plus si peur en voyant ce design.*

Journaliste : En Chine, être bronzé n'est pas signe d'un week-end passé au soleil, mais synonyme de pauvreté, car ce sont les paysans qui ont la peau tannée, ceux qui travaillent dans les champs, toute la journée, au soleil ; et le soleil, pas facile de l'éviter à la plage, alors on opte pour le face-kini, « kini » pour « bikini », « face » pour « visage ». En dix ans la demande de ces masques a explosé : l'an dernier Zhang Shi Fang en a vendu 30 000. Et certaines clientes viennent de loin :

Cliente : *J'ai peur de me faire piquer par des méduses, alors j'achète des face-kinis. Ce magasin est*

vraiment authentique ; j'ai pris un bus pendant plus d'une heure pour venir ici ; je ne voudrais pas en acheter aux vendeurs dans la rue car j'ai peur que ce soit de la contrefaçon.

Journaliste : Une tendance qui touche même la haute couture ; l'objet en deviendrait presque glamour, même si le rapprochement avec les tenues sado-masochistes y est peut-être pour quelque chose.

(1) groupe de musique punk russe

Document N°2 : Interview de M. Pokora, Europe 1 *De quoi j'ai l'air,* 20 octobre 2016

Nikos Aliagas : Vous avez réussi, justement, à ne pas vous perdre dans l'après-scène, et justement dans le show-business après. Qu'est-ce que vous avez fait pour vous protéger ?

M. Pokora : Honnêtement moi c'est...

Nikos Aliagas : C'est le sport ? C'est quoi ?

M. Pokora : Il y a le sport, il y a cette éducation de sportif que j'ai eue grâce au foot, grâce à mon père qui, lui, était professionnel aussi ; j'ai toujours eu le même entourage depuis que j'ai commencé dans ce métier, j'ai toujours les mêmes personnes autour de moi, et j'ai la chance d'être tombé sur des gens qui ne sont pas du tout, du tout « dans le métier » entre guillemets. Mon manager, il habite à Perpignan. Il fait des allers et retours, il veut pas être à Paris...

Nikos Aliagas : Tous les jours ? Il devient fou, il en peut plus ?

M. Pokora : … Il veut pas être au cœur de tout ça, de cet engouement , donc j'ai la chance d'être entouré de gens qui sont complètement simples et qui sont pas « show biz » entre guillemets, et qui m'ont toujours permis de garder les pieds sur terre, dans la réalité de ce qu'est mon pays et les gens qui vivent dans mon pays, tout simplement.

Nikos Aliagas : Pas de baratin, en fait, c'est ça ?

M. Pokora : Pas de baratin. Et du coup, c'est vrai que, voilà, j'ai eu une bonne éducation, je suis bien entouré, et tout simplement j'ai gardé en tête tout ça, et chaque jour je prends conscience de la chance que j'ai, et que tout peut s'arrêter très vite...

Nikos Aliagas : Et vous avez pris vos claques aussi en chemin, non ?

M. Pokora : J'ai pris mes claques, ça remet les idées en place aussi : quand en 2008, je sors mon album anglais, que ça ne marche pas, et que je me fais un peu dézinguer par la critique, voilà, j'avais que 23 ans, j'ai pris une claque, ça permet de relativiser beaucoup de choses, et d'apprécier d'autant plus ce qui arrive derrière, et de travailler encore plus.

B. Corrigé des questions

➤ Document 1 :

1. Le sujet de ce mini-reportage est   1,5 point

D. la mode chinoise de se masquer le visage à la plage

   Que pensent les Chinois du bronzage ?   1,5 point

Ils ne veulent pas être bronzés car le bronzage est synonyme de pauvreté : seuls les paysans sont bronzés en Chine car ils travaillent au soleil toute la journée

➤ Document N°2

   Quelle est la profession de la personnalité interrogée ?   1,5 points

Il est chanteur /il est dans le « show business »/c'est une star de variétés

2. Pourquoi dit-il qu'il a de la chance ? (3 bonnes réponses à choisir)   1,5 points

B. parce qu'il a eu une bonne éducation

C. parce qu'il rencontre le succès

D. parce que son entourage l'aide à garder les pieds sur terre

Partie 2

COMPRÉHENSION DES ECRITS

25 points

A. Questions sur l'ensemble du texte

1. Le sujet de cet article est   2 points

B. le mauvais traitement de l'histoire dans les publications « grand public » et les manuels scolaires

2. L'auteur de ce texte exprime une opinion   1 point

C. critique

B. Questions sur la première partie du texte

3. Vrai ou faux ? Justifiez chacune de vos réponses par une citation   *3 points*

	VRAI	FAUX
1. Le journaliste pense que le grand public n'apprend rien de ces publications	X	
2. Il estime que les auteurs dont il parle sont des professionnels de l'histoire		X
3. Selon lui, la vulgarisation historique produit des ouvrages médiocres	X	

Citation 1 *« Des torrents d'encre gonflent un fleuve d'ignorance »*

Citation 2 *« Tout personnage public peut désormais s'affirmer apprenti historien »*

Citation 3 *« Un produit haut en couleur, mais sans relief ni profondeur »*

4. A quelles professions appartiennent la majorité des auteurs dont parle le journaliste ? Justifiez votre réponse par des exemples tirés du texte   *2 points*

Ce sont des gens qui travaillent dans les médias (journaux ou télévision ou radio) comme Laurent Joffrin, ou des hommes politiques comme l'ancien président Nicolas Sarkozy

5. Quelle est la recette du succès de tels ouvrages ?(plusieurs bonnes réponses)

     3 points

A. Ce sont des livres où sont décrits des événements sensationnels

E. Ce sont des ouvrages qui font appel aux sentiments

F. On y trouve des choses horribles qui plaisent au grand public

≠. Questions sur la deuxième partie du texte

6. Expliquez, avec vos propres mots, quelle façon de raconter l'Histoire beaucoup d'auteurs à succès choisissent. *2 points*

Beaucoup d'auteurs à succès choisissent le genre biographique : ils racontent la vie des grands hommes, des dictateurs ou de leurs femmes.

7. Quel reproche l'auteur fait-il aux auteurs qui choisissent le genre biographique ? (cochez les 2 réponses justes) *2 points*

C. ils se contentent de faire l'éloge des grands hommes et de raconter des anecdotes amoureuses et des ragots

D. Ils commettent des anachronismes en mélangeant la politique actuelle au passé

8. Citez la phrase montrant que certains auteurs poursuivent un but patriotique dans leurs ouvrages biographiques *1 point*

« En d'autres termes, les « héros » favorisent l'amour de la patrie. »

9. Quel reproche font ces auteurs aux manuels scolaires qui servent à l'enseignement de l'histoire aux jeunes ? (répondez avec vos propres mots) *2 points*

Ils leur reprochent de couper les jeunes de leur passé, en ne leur montrant pas les grandes figures de l'histoire pour leur faire aimer les héros de leur pays, et ainsi leur pays lui-même

D. Questions sur la troisième partie du texte

10. Quels sont les deux principales critiques du journaliste envers les manuels scolaires destinés à l'enseignement de l'histoire ? *2 points*

1. Ces manuels sont pleins de clichés, d'idées fausses mais généralement admises (idées reçues)

2. Ils sont « froids » comme des annuaires, ne prennent pas parti, n'expliquent pas les vraies causes

11. Donnez 4 exemples d'affirmations historiques que l'on trouve dans ces manuels et que l'auteur conteste (précisez en quoi il les conteste) *4 points*

1. **L'union sacrée dans les tranchées de la guerre de 1914-1918 n'existait pas car les soldats étaient divisés par leurs différences sociales**

2. **Le Président Wilson n'était pas anti-impérialiste quand il s'agissait de l'Amérique latine**

3. **Le débarquement de 1944 n'as pas été l'élément décisif de la défaite allemande de 1945**

4. **L'Union Européenne n'a pas été créée que pour assurer la paix entre les nations d'Europe**

(NB pour le correcteur : on peut accepter aussi la référence à l'Etat Providence et à la colonisation)

12. Cochez l'affirmation correcte   *1 point*

B. L'auteur rappelle que la colonisation a causé des centaines de milliers de morts

Corrigé Partie 3

PRODUCTION ECRITE

25 points

- **Exercice 1: synthèse**

Un avenir encore incertain pour le livre numérique

Entre son lancement en 2007 et l'année 2015, le livre numérique a connu un essor remarquable en Grande-Bretagne et aux Etats-Unis, où il a atteint jusqu'à 25% du marché du livre. On pensait qu'il détrônerait à moyen terme le livre papier, et deux bibliothèques entièrement numériques ont même déjà ouvert leurs portes dans ce pays. Il n'y a pas un seul livre papier dans leurs rayons, et les abonnés peuvent venir lire sur place ou emporter des liseuses chez eux.

Toutefois, les chiffres pour 2015 montrent un tassement des ventes de liseuses et de livres numériques en Grande-Bretagne comme aux Unis, et un relatif retour du livre papier ; en France la situation est différente, car le livre numérique n'y a pas encore vraiment décollé : moins d'un français sur six a déjà lu un tel livre, et le marché ne représenterait, selon les sources, qu' entre 3% et 6,5% de la vente totale de livres pour 2015.

En ce qui concerne l'avenir du livre numérique en France, les avis des professionnels sont très partagés. Certains pensent qu'il est promis à la croissance, grâce à l'équipement numérique croissant des Français, notamment dans les établissements scolaires. D'autres n'y croient pas et préfèrent, tels les Presses Universitaires de France, investir dans le livre papier, au retour duquel ils croient, notamment grâce à la nouvelle formule d' « impression à la demande ». (238 mots titre compris)

■ Exercice 2 : essai argumenté

Cher Monsieur,

J'ai bien reçu et lu votre manuscrit ainsi que le courrier qui l'accompagnait, et je vous remercie de votre confiance. Votre ouvrage est extrêmement intéressant, et je pense que vous trouverez facilement un éditeur ; je ne peux pas, malheureusement, le retenir, car vous me proposez un projet de livre entièrement numérique. Or notre maison a récemment décidé d'avoir une toute nouvelle politique en matière de catalogue numérique, pour tenir compte de l'évolution récente de ce marché. Celle-ci n'est, en effet, pas très encourageante.

Comme vous le savez sans doute, le livre numérique marche très bien aux Etats-Unis, entre 20 et 25 % des ventes, mais malheureusement votre livre est écrit pour le marché français, qui est beaucoup moins développé. Seuls 15% de nos compatriotes lisent sur liseuse, seuls 1% achètent exclusivement du numérique. Si vous voulez vous restreindre à ce médium, votre lectorat risque de demeurer extrêmement limité. Pour notre part, nous avons décidé de limiter l'édition de livres numériques à notre catalogue existant, et nous ne publierons plus de nouveaux auteurs sous cette forme.

A nos nouveaux auteurs, nous offrons une formule inédite qui vient tout juste d'arriver sur le marché français : l'impression à la demande, ou ODB. Le livre figure au catalogue, mais il n'est imprimé qu'au moment où un client le commande. Cette formule nous permet de lancer sans risque des auteurs inconnus, qui bénéficient, eux, de notre notoriété et de la publicité que nous leur donnons. Si cette option vous intéresse, faites-le moi savoir, et nous vous éditerons avec plaisir.

Sincères salutations,

M.X, Directeur de collection

La Fée Prépa

Corrigé Partie 4

PRODUCTION ORALE

25 points

THEME DE L'EXPOSÉ : l'usage croissant de l'Internet par les jeunes

Introduction : Aujourd'hui je vais vous parler de l'utilisation intensive d'internet par les jeunes générations, celles dites « du millénaire », en particulier les adolescents. J'évoquerai en quoi elle consiste, puis je parlerai des comportements anormaux et des risques, internes et externes, qu'elle génère. Enfin je tenterai de relativiser légèrement ce risque perçu par les scientifiques et les psychologues, et de montrer qu'Internet permet aussi de développer des compétences précieuses.

Développement : L'utilisation d'Internet chez les jeunes, que ce soit les enfants, de 1 à 12 ans, ou chez les adolescents de 13 à 19 ans, est intense et se développe d'année en année. On peut la mesurer en temps passé devant un écran par semaine et par jour : En moyenne les adolescents français passent 13h30 par semaine sur Internet. Et ce chiffre ne comprend pas les heures passées hors connexion, alors que les chiffres d'une enquête du Sénat considèrent qu'à deux heures par jour de semaine, il s'agit déjà d'une utilisation intensive. Les jeunes ont toutes sortes d'activités sur internet, et le développement des tablettes et des ordinateurs personnels que beaucoup possèdent contribue à cette augmentation continue : il y a les jeux en ligne ou hors ligne, les réseaux sociaux (78% des adolescents ont un compte sur un réseau), et les messageries instantanées pour les échanges de messages et de photos. Les jeunes se servent d'internet pour rester en contact entre eux et avec leur famille, et pour échanger des éléments qui les intéressent, comme la musique, les vidéos, des informations diverses.

Cependant, cela n'est pas sans risques, comme toute activité exercée de façon excessive ou sans prudence. Il y a d'abord les risques internes : il existe un phénomène nommé cyberdépendance, qui est une forme d'addiction comparable à l'alcoolisme. Le jeune ne peut plus se passer de jouer ou de se connecter, cela induit une modification du comportement, des tensions avec son entourage, parfois une désocialisation (c'est le phénomène des « no life », ceux qui ne sortent plus de chez eux parce qu'ils sont collés à leur écran), des troubles liés au manque de sommeil, ce qui porte préjudice à l'attention et au travail scolaire. Selon une étude française, 7% des collégiens seraient victimes de la dépendance à Internet, et 7% de la dépendance aux jeux vidéo. Ce sont surtout les garçons, en particulier ceux qui vivent dans un environnement où la surveillance familiale s'exerce moins, qui sont les plus touchés. Car le contrôle par les parents de l'activité de leurs enfants sur internet est un élément crucial de protection.

Les réseaux sociaux présentent aussi des risques d'addiction, en particulier pour les jeunes fragiles (l'adolescence étant le moment où se posent des questions d'identité) qui ont des problèmes de socialisation dans la vie réelle et trouvent le monde des relations virtuelles plus facile (les adolescents ont en moyenne 300 « amis » sur Facebook, bien plus que ce que n'importe quel adolescent pourrait avoir dans la vraie vie) mais les vrais risques des réseaux sociaux sont plutôt externes ; en effet, les jeunes ne savent pas encore protéger leur vie privée, ils montrent beaucoup d'eux-mêmes, communiquent leur adresse, leur âge, des photos, et toutes sortes d'informations sur eux-mêmes qui pourraient leur porter tôt ou tard préjudice, car rien ne s'efface d'internet. En outre, les réseaux sociaux les exposent à des « attaques » de tous ordres : messages sexuellement explicites, intimidation, humiliation par d'autres jeunes, voire harcèlement.

Faut-il pour autant s'effrayer de cet usage d'Internet, qui s'accroît d'année en année ? Peut-être devons-nous relativiser. La plupart des jeunes utilisent internet et gardent une vie normale. Les troubles liés à internet (par exemple le harcèlement ou l'addiction) ne lui sont pas spécifiques, ils existent dans le monde réel aussi, et sont plutôt liés à l'adolescence de notre époque. De surcroît, Internet leur apporte aussi beaucoup de nouvelles compétences : ils s'ouvrent à d'autres jeunes, différents d'eux car habitant ailleurs, ils développent leurs talents de socialisation, leur capacité à collaborer sur des projets communs, ce qui, d'après une étude américaine, tend à améliorer la qualité de leur expression écrite. Ils apprennent aussi beaucoup de choses qu'ils ont besoin de savoir, sans vouloir les demander à leur entourage.

Conclusion : il est possible que les adultes portent un regard inquiet sur l'usage jugé abusif par les jeunes d'internet, sans se rendre compte que c'est là un problème d'incompréhension entre deux générations qui n'ont pas grandi dans le même monde.

Questions possibles pour l'entretien :

-Etes-vous un gros utilisateur de l'internet ?

-Jouez-vous à des jeux vidéo ? Pourquoi ?

-Pensez-vous que les parents doivent exercer un contrôle strict sur l'utilisation de l'internet par leurs enfants ?

-Pensez-vous que les adolescents sont réellement en danger sur l'internet ? Pourquoi ?

-Connaissez-vous des gens qui sont réellement en état de cyberdépendance, ou proches de cet état ?

-Que pensez-vous des réseaux sociaux ?

CORRIGÉ DU TEST 4

Partie 1

COMPRÉHENSION DE L'ORAL

25 points

■ **Exercice 1**

1. Compréhension du document sonore long

A. Transcription intégrale du document long : *Il était une fois Michel Onfray* par Stephan Bureau – Michel Onfray TV, 12 juillet 2014

Stephan Bureau : Michel Onfray, dans votre philosophie la notion de biographie est absolument indissociable de votre méthode – vous parlez de votre maïeutique – comme s'il était utile, sinon même impératif, de connaître la vie, et même le corps de la personne qui pense.

Michel Onfray : Oui mais ça, c'est une vieille tradition, je n'invente pas grand chose, c'est toute l'Antiquité qui fonctionne comme ça...

Stephan Bureau : Mais ça devient, dans votre cas, une méthode, c'est-à-dire que chacun des livres est toujours aussi précédé d'un élément : préface biographique...

Michel Onfray : Absolument

Stephan Bureau : ... puisée à même votre « corpus »

Michel Onfray : oui, parce que je pense que les idées ne tombent pas du ciel, et qu'elles montent de la terre, et du corps, en l'occurrence, et d'une biographie ; donc il faut raconter pourquoi on a eu une position théorique, et montrer quelle relation cette position entretient avec une expérience biographique, autobiographique, existentielle, d'enfance, souvent, d'adolescence, et ces moments où on se conctitue, on constitue vraiment une unité et une identité, et toute la philosophie antique est ainsi constituée : on va voir du côté de la *vie* philosophique, ce que vise un philosophe, ce n'est pas du discours, ce n'est pas des livres. Il ne s'agit pas quand on est Socrate, de faire des livres pour aller

faire une télévision, il s'agit de ... d'abord, de ne pas écrire, pour Socrate, mais ensuite, d'enseigner pour construire une existence droite, sculptée, une existence, et le Christianisme arrive sur l'entrefaite et nous dit : « Mais pas du tout, ça sert pas à ça la philosophie. LA philosophie, c'est le Christianisme, donc l'affaire est réglée. Donc maintenant, vivez en chrétiens, et vous vivrez en philosophes. »

Et la pratique se substitue – la pratique chrétienne, religieuse – se sustitue au travail véritable sur soi, donc les intellectuels, les philosophes, deviennent des gens du discours, commencent à disserter sur le Père, le Fils, le Saint-Esprit, est-ce que le Père est supérieur au Fils et inférieur au Saint-Esprit, la transsubstantiation, est-ce que le corps du Christ est réellement dans...etc. Et la philosophie ça devient ça. Et moi, je propose qu'on revienne à l'état pré-chrétien, qui consiste à dire : un philosophe, c'est quelqu'un qui propose une existence, un mode d'existence, un type d'existence...

Stephan Bureau : Un mode de vie.

Michel Onfray : ...Un mode de vie. C'est une vie philosophique que doit viser le philosophe.

Stephan Bureau : Donc, c'est très incarné ?

Michel Onfray : Ah oui. Dès lors, on peut être philosophe sans avoir écrit un livre de philosophie, on peut avoir écrit un livre de philosophie et ne pas être philosophe, et puis on peut aussi avoir écrit des livres de philosophie et tâcher de l'être, philosophe ; et on peut montrer ce qu'est une vie philosophique quand on raconte des moments de son existence

Stephan Bureau : Mais à l'évidence, l' *a priori* qu'on a sur la philosophie, ce n'est pas ça, parce ce qu'on nous enseigne à l'école, ce qu'on nous dit de la philosophie, ne relève généralement que de l'esprit. C'est très éthéré...

Michel Onfray : C'est du discours, absolument.

Stephan Bureau : ...et rarement incarné dans une pratique ou dans une vie, encore moins dans un corps, parce que vous dites aussi : « le corps nous dit beaucoup. »

Michel Onfray : Oui, et Nietszche dit ça très bien dans la préface au *Gai savoir*, il dit, on philosophe avec son corps, on philosophe avec ses impuissances, avec ses angoisses, avec toutes ces choses-là. C'est une chair qui pense, c'est pas du tout un cerveau éthéré qui aurait à voir avec les idées pures, on n'est pas en ligne directe, comme ça, avec les concepts qui seraient dans un ciel intelligible, ça n'a aucun sens, et pourtant ça fait des siècles qu'on nous dit que c'est comme ça. Il y a des biographies, des agencements, des existences, des rencontres, des chances, des malchances, des déterminismes divers, biologiques, génétiques, familiaux, sociaux, politiques, culturels, etc., religieux ; et puis se constitue un être qui va devenir ce qu'il est, « deviens ce que tu es », disent les grecs, et on devient un jour cette entité qu'on aura plus ou moins construite, et très peu de gens ont la possibilité de la construire.

Stephan Bureau : On est l'esprit de son corps ?

Michel Onfray : On peut dire ça, on est le corps de son esprit, l'esprit de son corps, c'est un peu spinoziste de le dire comme ça et dans ces termes-là, mais de fait l'esprit, ça n'est jamais que l'une des modalités du corps, et le corps ça n'est jamais que l'une des modalités de l'esprit.

Stephan Bureau : Mais il y a une telle hiérarchie dans la façon dont les choses sont enseignées : l'esprit domine toujours, c'est un *magister* au-dessus du corps ?

Michel Onfray : Oui. En quoi nous sommes encore chrétiens, parce qu'on imagine toujours qu'il y a dans un être un corps de chair qui va disparaître, et une âme immortelle ou éternelle, ou éthérée, ou une espèce de principe éthéré, et que cette chose-là, elle est associée, bizarrement, d'ailleurs, on ne sait pas pourquoi et comment et de quelle matière chez les gens qui affirment ce dualisme-là. Moi j'affirme l'inverse, je dis non, on est dans une logique, non pas dualiste, mais moniste, c'est-à-dire, il n'y a qu'un corps, qu'une chair, et elle est diversement modifiée, une partie du corps peut s'appeler le cerveau, appelons ça l'âme si on veut, une autre partie va s'appeler l'estomac, c'est pas la même fonction, mais on a besoin de l'un et de l'autre, et de fait un philosophe, c'est quelqu'un qui est dans des agencements comme ça, biographiques, autobiographiques, personnels, matériels ; voilà pourquoi mon matérialisme est radical.

Stephan Bureau : C'est pour ça que le parcours commence à peu près pour vous avec *Le ventre des philosophes*, littéralement ?

Michel Onfray : Oui. D'abord ce livre était titré *Diogène cannibale*, ce qui n'est pas le même livre quand on change le titre ; je n'aime pas beaucoup le mot « ventre » et encore moins « le ventre des philosophes » ; ça, c'est un titre d'éditeur, c'est le seul sur mes trente.

Stephan Bureau : Vous n'aviez pas le même ascendant sur ceux-ci au début...

Michel Onfray : Je n'avais pas d'ascendant du tout, j'ai découvert que... On m'a même pas... On m'a mis devant le fait accompli, le jour où je suis venu faire mon service de presse, j'ai dit « qu'est-ce que c'est que ce... C'est quoi ce titre ? » « Mhhh, C'est mieux », etc.

Stephan Bureau : Mais ça dit quand même quelque chose...

Michel Onfray : Ca ne dit pas la même chose, mais ça dit quelque chose, de fait, vous avez raison, et j'ai tâché de montrer sur le mode ironique, et l'ironie, c'est mal porté en philosophie, que finalement les philosophes mangeaient comme ils pensaient, pensaient comme ils mangeaient, et ce qu'ils avaient dit et fait avec la nourriture...

Stephan Bureau : Ca nous ramène à la pensée.

Michel Onfray : Voilà, ça nous renvoyait à leur système, c'est-à-dire que Nietszche qui nous fait l'éloge de la légéreté, qui nous dit, les allemands mangent trop de pommes de terre, ils boivent trop de bière, et leur esprit est lourd, ils sont dans le concept. Il faut manger des choses légères, etc., prendre du chocolat le matin au petit déjeuner, il demande a sa mère des saucisses, veut absolument qu'on lui envoie de la charcuterie, et je montre comment on décide de philosopher, justement, dans l'esprit Nietszchéen, avec ses puissances et ses impuissances. Alors évidemment, on a fait de ce livre un joli livre de gastronomie, absolument plaisant, parce que, on y voyait Rousseau boire du lait, on y voyait Diogène manger des poulpes crus, ce genre de choses, mais on n'a pas vu qu'il y avait une proposition qui, elle, disait : soyons matérialistes, et voyons que le corps qui pense, c'est le corps qui mange, aussi, c'est le corps qui a une sexualité, c'est le corps qui parle, qui souffre, qui vieillit, c'est le corps réel, c'est pas le corps C majuscule, l'idée du corps, ou le concept du corps, mais c'est la réalité du corps et la réalité de la chair.

Stephan Bureau : Si, dans cent ans, la pensée de Michel Onfray devait exister toujours et être enseignée, la personne qui emploierait votre méthode, parce que vous commencez toujours par définir un penseur à partir de sa biographie, qu'est-ce qu'on dirait de Michel Onfray, de sa vie, et de l'impact de celle-ci sur sa philosophie ?

Michel Onfray : Ca, c'est la pire des choses qui puisse vous arriver, d'être enseigné par des gens qui viendraient découper en rondelles votre travail...

Stephan Bureau : Vous le faites très bien quand vous enseignez la contre-histoire. Vous le faites avec d'autres...

Michel Onfray : Ouais, mais on n'est pas nombreux à le faire comme on le fait, C'est-à-dire en sympathie ou en proximité ou en empathie...Oui, moi je préférerais, tant qu'à faire, que... S'il faut être lu encore dans un siècle, que je le sois par des gens qui fassent ça tout seuls, qui fassent vraiment un travail personnel en disant, « j'ai lu ce livre, j'ai aimé ce livre, et il y a des idées qui vont me permettre de construire ma propre existence. »

B. Réponses au questionnaire

1. Quelle est la notion essentielle dans la méthode philosophique de Michel Onfray, selon la personne qui l'interroge ? (répondez par un mot) *0,5 point*

La biographie

2. Par quoi commencent tous les ouvrages de Michel Onfray ? *1 point*

D. par des éléments explicatifs tirés de sa propre vie

3. Vrai, faux, ou on ne sait pas ? *2,5 points*

	VRAI	FAUX	On ne sait pas
Le vrai philosophe cherche à produire un discours philosophique		X	
Le but de la philosophie est de changer le monde			X
Le but de la philosophie est de construire sa propre vie	X		
Le vrai philosophe doit écrire des livres pour enseigner		X	
L'enseignement est le moyen de construire une vie de philosophe	X		

4. Expliquez en quoi la philosophie du christianisme s'oppose à la philosophie pré-chrétienne, selon Michel Onfray utilisez vos propres mots) *3 points*

La philosophie pré-chrétienne propose de chercher un mode de vie, une existence philosophique, alors que le Christianisme dicte qu'il faut simplement vivre en chrétien

Vrai ou faux ?   3 points

	VRAI	FAUX
Selon l'interviewer, les idées existent par elles-mêmes		X
Selon Michel Onfray, tout le monde peut se construire selon ce qu'il est		X
Selon michel Onfray, la chance et la malchance participent à la vie philosophique	X	

6. Pourquoi Michel Onfray se définit-il comme un philosophe *matérialiste* ?   2 points

(Plusieurs formulations acceptables) **Parce qu'il refuse de séparer l'esprit du corps/parce que pour lui l'esprit, le cerveau, a une fonction dans le corps, tout comme l'estomac/parce qu'il pense que notre pensée est liée à la vie de notre corps**

7. Choisissez les deux propositions correctes   2 points

B. Ce livre portait à l'origine un autre titre

D. Le livre a pour sujet les philosophes et leur nourriture

8. Que voulait montrer Michel Onfray avec ce livre ?   2 points

Il voulait montrer que la nourriture des philosophes ramène à//a un lien avec// leur philosophie

9. Ce livre a-t-il été compris par la critique ?   1 point

OUI	NON
	X

10. Michel Onfray a-t-il envie que l'on enseigne sa philosophie dans un siècle ?   1 point

OUI	NON
	X

11. Choisissez la proposition correcte   *1 point*

B. Michel Onfray voudrait que ses livres aident les lecteurs à être eux-mêmes

■ **Exercice 2**

1. Compréhension des documents sonores courts

<u>*A. Transcription intégrale des documents courts 1 et 2 :*</u>

1) Mathieu Mabin, grand reporter à France 24, RFI, 21 septembre 2016

Mathieu Mabin : Les reporters doivent développer leur capacité à s'adapter au milieu dans lequel ils vont évoluer ; je pense au milieu comme la montagne ou la mer, voilà. La guerre est un milieu à part, qui nous impose notamment, ben, de nous équiper en conséquence, en protection ballistique, en moyens santé, en moyens d'orientation, de télécommunication ; selon l'environnement dans lequel on va évoluer, on compose notre sac technique différemment. Quand on fait ce métier, on doit être capable de partir sans préavis : la dépêche tombe, on doit être dans l'avion qui suit la dépêche. C'est parfois une question d'heures, parfois une question même de minutes. Pour ça, il faut se simplifier la vie au maximum ; alors moi, pour pouvoir me simplifier la vie, je suis aujourd'hui capable de faire un sac pour trois semaines en quelques minutes ; j'ai dix pantalons de la même couleur, vingt chemises de la même couleur, autant de paires de chaussettes identiques ; je ne me pose pas de questions, tout ce qui est chemises bleues à poches, c'est pour le terrain, tout ce qui est pantalons beiges à poches, c'est pour le terrain. C'est pour ça que je suis toujours habillé pareil... J'ai été officier dans l'Armée de Terre pendant un peu plus d'une dizaine d'années, j'ai servi dans les deux principaux corps d'élite de l'Armée de Terre, qui sont l'Infanterie de Marine et la Légion Étrangère. Avant d'entrer dans l'armée j'avais déjà fait une école de journalisme, et puis j'ai confirmé mon bagage de journaliste en quittant l'armée, en faisant un Master au CELSA. L'exercice du métier de soldat a développé chez moi l'envie du journalisme ; parce que quand on est soldat, on est acteur de la crise, mais finalement on est extrêmement contraints dans notre capacité à nous exprimer, et en même temps, le fait d'être habillé en uniforme et de porter une arme, c'était presque toujours un obstacle entre ce que j'incarnais et la population que je croisais.

2) *Les émissions politiques ne font plus recette*, **Eva Roch, Europe 1, 26 septembre 2016**

Présentateur : Et alors puisqu'on parle de politique...

Eva Roch : Exactement !

Présentateur : ...puisqu'on parle de politique, racontez-nous, Eva Roch : vous avez remarqué en cette rentrée que toutes les émissions politiques lancées en ce moment ne marchent pas forcément très fort.

Eva Roch : Et ben, pas franchement, à se demander même si trop d'émissions politiques ne tuent pas l'émission politique : les audiences du *Grand Rendez-vous* de France 2, vous savez, mené par David Pujadas et Léa Salamé en prime time, jeudi dernier, alors sont très décevantes, 1 900 000 personnes et moins de 9% de part d'audience ; hier c'était sur C8 que Laurence Ferrari se lançait pour se première émission, *Punchline*, et selon nos informations elle espérait entre 300 000 et 350 000 téléspectateurs, et ils n'étaient que 170 000 ; donc voilà, c'est un peu difficile pour tout le monde.

Présentateur : Et alors, personne ne s'en sort ?

Eva Roch : Alors si, il n'y a pas de désertion des téléspectateurs en fait quand divertissement et politique se mêlent, c'est le cas pour *Quotidien* sur TMC ou la grande interview politique d'*On n'est pas couché* sur France 2, et France 5 qui fait un peu le pari de deux rendez-vous sans invité principal avec *C Politique* et *C polémique*, alors les audiences étaient très basses, mais enfin ils ont quand même gagné 20 000 téléspectateurs chacun d'une semaine sur l'autre.

Présentateur : Donc a priori il y a un public pour les émissions politiques ?

Eva Roch : Oui, en fait il y a bien un public, mais c'est le schéma classique, vous savez : un invité, des interviewer, qui ne fonctionne plus très bien, il faut du mordant, du piquant, des angles différents dans les sujets, et puis sans doute en fait l'espace télévisuel est totalement saturé à ce jour par le lancement de toutes les émissions, et de toute évidence, dès janvier, quand on va connaître les candidats et que la campagne sera réellement lancée, moi je fais le pari que les audiences elles vont grimper.

B. Réponses aux questions

1. La personne qui parle est (*une seule réponse possible*)   1 point

A. un grand reporter

2. Selon lui, quel est l'avantage des journalistes sur les militaires ?   2 points

Les journalistes peuvent s'exprimer, les militaires n'ont pas le droit (*autre réponse acceptée :* **être habillé en uniforme et porter une arme empêche de communiquer avec les populations**)

> **Document 2**

1. Cet extrait traite   2 points

C. Du déclin des émissions politiques classiques à la télévision

2. Choisissez la proposition correcte   1 point

A. Eva Roch pense que les choses vont s'arranger quand la campagne électorale démarrera

Partie 2

COMPRÉHENSION DES ECRITS

25 points

A. Questions sur l'ensemble du texte

1. Hortense Archambault   *1,5 point*

B. dirige un projet de rénovation culturelle d'un théâtre actuellement fermé

2. Dans ce texte, Hortense Archambault   *1,5 point*

B. développe le concept de ce que doit être le théâtre français dans ce département

B. Questions sur la première partie

3. Donnez 3 titres d'oeuvres programmées par la MC93 qui correspondent au catégories du tableau ci-dessous   *3 points*

Catégorie	Titre de l'oeuvre
Migration et diversité	*Angleterre, Angleterre* **ou** *La 9ème nuit, nous passerons la frontière*
danse	*Du désir d'horizons*
Théâtre épique africain	*Nkenguegi*

4. Vrai ou faux ? Citez une phrase pour justifier chacune de vos réponses   *3 points*

	VRAI	FAUX	On ne sait pas
1. H. Archambault est en faveur d'un théâtre communautariste		X	

2. Pour elle, le théâtre français actuel est bien ancré dans les réalités sociales		X	
3. Elle veut programmer des œuvres de tous les horizons	X		

Citation 1 : « **Loin de tout communautarisme, ils veulent un théâtre ancré dans son environnement social** »

Citation 2 : « **De ses institutions, trop souvent coupées des réalités sociales.** »

Citation 3 : « **Un théâtre qui soit « fabrique d'expériences », où les cultures et les esthétiques peuvent se rencontrer** »

5. Expliquez avec vos propres mots ce qu'est « la fabrique d'expériences »   2 points

Des artistes en résidence viennent rencontrer la population locale et créent ou re-créent leurs œuvres en fonction de ces échanges

C. Questions sur la deuxième partie

6. Quelles objections H. Archambault fait-elle au travail du collectif « Décoloniser les arts ? »   *2 points*

A. ils ne veulent considérer que les artistes « racisés »

C. leur approche est trop communautariste

7. Citer la phrase qui montre que H. Archambault croit que le théâtre devra s'orienter vers un mélange des origines   *1,5 points*

« L'avenir du théâtre est dans le métissage culturel. »

8. Vrai ou faux ? *1,5 points*

	VRAI	FAUX
La MC93 ambitionne d'apporter un théâtre de grande qualité aux gens modestes	X	
Le théâtre aujourd'hui doit refléter la lutte des classes, qui intéresse les habitants		X
Le théâtre doit refléter la diversité en prenant la culture française comme base	X	

9. Pourquoi H. Archambault veut-elle faire une place importante à l'art africain ?
1 point

Parce que l'Afrique est très présente dans sa région, et qu'elle fait partie de la culture française

10. Expliquez brièvement avec vos propres mots pourquoi Hortense Archambault apprécie particulièrement l'art de Dieudonné Niangouna *1 point*

Parce que D. Niangouna, tout en restant un auteur profondément africain, apporte un renouveau dans le théâtre francophone

D. Questions sur la troisième partie

11. Qu'a décidé de faire la MC93 en réaction aux attentats ? *1 point*

Elle a organisé des rencontres entre les habitants et les artistes pour discuter de la manière d'éviter la peur

12. Cochez les deux propositions correctes *2 points*

B. La MC93 consulte les habitants sur la façon d'utiliser le hall de la salle de théâtre

D. La MC93 dispense des cours de communication pour intéresser les habitants

13. Qu'est-ce que la classe « égalité des chances ? »
1 point

C'est un cours de théâtre destiner à aider des jeunes défavorisés à devenir de grands acteurs

.14. Vrai ou faux ? *3 points*

	VRAI	FAUX
H. Archambault approuve les salles de théâtre allemandes qui hébergent les réfugiés	X	
H. Archambault souhaite faire la même chose à la MC93		X
H. Archambault pense que la MC93 sera plus efficace en s'occupant plutôt de théâtre que d'humanitaire	X	

Corrigé Partie 3

PRODUCTION ECRITE

25 points

■ **Exercice 1 : Synthèse de documents** *13 points*

Le coût de l'air

Aujourd'hui, face au fléau sanitaire qu'est la pollution, les populations sont davantage informées du degré de toxicité de l'air qu'elles respirent et réagissent en changeant leurs habitudes et en s'équipant en technologies de purification et de filtrage de l'air.

Cette préoccupation est justifiée par des rapports comme en fournit la Banque Mondiale, avec des informations capitales sur l'impact de ce phénomène : en 2016, la pollution de l'air est responsable d'un décès sur dix dans le monde, ce qui en fait la quatrième cause de mortalité prématurée. Le phénomène semble s'amplifier, avec un coût qui croît en proportion : en effet, ces pertes touchent des populations d'actifs, ce qui entraîne une baisse des revenus du travail que la Banque Mondiale chiffre à 199 milliards d'euros par an. Et ce, sans parler des coûts liés à la santé, qui se chiffrent pour l'Europe à 1400 milliards d'euros, ni du manque à gagner lié au changement de comportement des individus face à la pollution : 4543 milliards d'euros.

87% de la population mondiale est exposée aux maladies qu'elle entraîne, dont deux milliards d'enfants, et pour l'instant les efforts publics sont insuffisant. Le marché privé de l'air pur, lui, s'organise. Il pèse déjà 4 à 5 milliards d'euros. Seuls les plus riches des pays émergents (Asie) ou les populations des pays riches peuvent s'offrir des purificateurs, aussi la question de la démocratisation de l'accès à l'air pur se pose-t-elle.   (240 mots)

■ **Exercice 2 : Essai argumenté**   *12 points*

Je prends la plume aujourd'hui concernant la pollution de l'air et les inégalités qu'elle engendre, et risque d'accentuer encore à l'avenir. Sur cette planète, l'immense majorité d'entre nous (87%) sommes exposés à un air suceptible d'entraîner des pathologies telles que les accidents cardio-vasculaires et les cancers du poumon. 10 millions d'être humains meurent prématurément chaque années des suites de telles pathologies. Ceci est dû à la pollution extérieure, à fines particules, mais aussi, dans la majorité des cas, à l'air intérieur : les populations les plus démunies, en effet, se chauffent et cuisinent toujours à l'aide de bois et de charbon, qui sont sont toxiques. Il serait normal que les efforts des autorités publiques partout dans le monde se portent sur la réduction de la pollution extérieure et intérieure pour tous (par exemple en faisant pression davantage sur les pollueurs, et en subventionnant les équipements non polluants pour les ménages pauvres.) Au lieu de cela, nous assistons à un développement du marché privé de la purification de l'air intérieur, avec des équipements qui ont un coût pour les particuliers. Or les populations les plus touchées, en Asie, en Afrique, sont celles qui ont le moins les moyens de se les offrir. Les pays riches sont aussi un gros marché potentiel pour les « marchands d'air », en particulier si, sous la pression d'une opinion de plus en plus inquiète, les pouvoirs publics prennent des dispositions pour assainir l'air de tous les équipements collectifs. Allons nous voir se creuser un fossé de plus entre pays riches et pays pauvres, avec l'inégalité de l'accès à l'air ? L'air pur, comme l'eau, ne sont-ils pas les droits les plus fondamentaux de l'homme ? (280 mots)

Corrigé Partie 4

PRODUCTION ORALE

25 points

Thème de l'exposé : Le dopage chez les étudiants

Introduction: Le sujet de mon exposé est la prise par les étudiants de produits censés améliorer leurs performances aux examens et concours, les conséquences de celle-ci, les résultats réels, et les raisons profondes de ce qu'on peut appeler ce « dopage »

Développement: D'abord, le constat : des études, peu nombreuses mais révélatrices, ont démontré qu'un étudiant sur 4 ou 5 dans les filières les plus compétitives se « dope » pour stimuler sa mémoire, sa concentration, compenser le manque de sommeil en période de révisions, et tenter d'améliorer ses résultats. La proportion grimpe jusqu'à un étudiant sur trois dans la filière médecine, où les études sont particulièrement longues, éprouvantes et sélectives (beaucoup d'étudiants sont éliminés à la fin de la première année, ce qui place un enjeu considérable sur les examens de sélection.)

Ils prennent des produits en vente libre (pour lesquels il y a un gros marché très profitable) tels que les médicaments ou boissons contenant des vitamines et/ou de la caféine et autres stimulants autorisés, mais aussi, et c'est plus inquiétant, des médicaments psychistimulants sur prescription détournés de leur usage. Les étudiants en médecine se les procurent facilement, les autres les achètent sur Internet, où il n'y a pas de contrôle. Enfin, dans les cas les plus graves, certains vont jusqu'à prendre des stupéfiants (amphétamines, cocaïne).

Deux constats : D'abord, d'après les médecins, si certaines substances améliorent effectivement la concentration, rien ne prouve que ce « dopage » en vitamines et médicaments améliore réellement les performances et les résultats. Mais l'effet placebo est fondamental dans ce phénomène : les étudiants qui prennent ces produits sont convaincus qu'ils en ont besoin, et que cela marche. Ensuite, les conséquences de la prise de tels produits ne sont pas anodines, et les médecins le constatent en particulier pendant les périodes d'examens, où les étudiants viennent consulter plus nombreux pour des problèmes d'hypertension et de tachycardie. Certains de ses médicaments sont dangereux pour la santé, et les stupéfiants encore plus. Il peut se produire un phénomène d'addiction, même à un produit relativement anodin comme la caféine.

Alors, pourquoi les étudiants ressentent-ils le besoin de se « doper » comme des sportifs ? Ceux qui le font ont sans nulle doute l'impression qu'ils n'arriveront pas à produire de bonnes performances sans une aide. Ceci est révélateur de la société dans laquelle nous vivons, qui est sélective et compétitive. En effet, les filières comme les classes préparatoires aux grandes écoles et les concours comme médecine, qui éliminent énormément d'étudiants en cours de route, ouvrent sur des professions rémunératrices, très recherchées à notre époque où l'emploi se fait rare, surtout pour les gens non diplômés. Il y a donc une énorme pression sur ces jeunes, pour réussir, et tous les moyens sont bons. (Le dopage ne s'arrête d'ailleurs pas avec l'obtention du diplôme ou du concours, car on a constaté que le dopage aux médicaments et produits stimulants existe aussi dans les milieux d'affaires ou le stress et la pression sont énormes)

C'est pour cette raison que certaines voix s'élèvent, demandant notamment que l'on allège la charge de travail des étudiants dans certaines filières.

Conclusion: Il faudrait aussi, à mon avis, mieux informer les étudiants sur les effets réels de ces produits, mais est-ce possible, dans un monde dominé par la logique de marché et face à l'industrie pharmaceutique ?

Exemple de questions possibles du jury pendant l'entretien :

- ! Avez-vous déjà pris des stimulants, vitamines, etc... pour vous aider dans vos études et vos examens ? Si oui, qu'en pensez-vous ? Ca marche ?

- ! Que pensez-vous qu'on devrait faire pour diminuer le stress chez les étudiants ?

- ! Que pensez-vous de la compétition, est-ce une bonne chose, ou une mauvaise chose ?

- ! Que pensez-vous du dopage dans les sports de compétition?

CORRIGÉ DU TEST 5

Partie 1

COMPRÉHENSION DE L'ORAL

25 points

■ Exercice 1

1. Compréhension du document sonore long

A. Transcription intégrale du document long : **Bulledop, booktubeuse de 25 ans en 2016**

Entretien avec Cécile de Kervasdoué, France Culture, 4 novembre 2016

Bulledop : J'ai commencé au début parce que, autour de moi, il n'y avait absolument personne qui lisait ; j'ai commencé à lire très tard, du coup mon cercle d'amis n'était pas du tout porté sur la... sur cette activité, et j'avais besoin de partager et d'échanger mes lectures avec des gens qui seraient susceptibles d'aimer ça. Du coup, j'ai commencé par un blog, et puis rapidement je suis passée au format vidéo parce que c'était un format qui me convenait mieux et qui me permettait d'avoir plus de liberté.

Cécile de Kervasdoué : La lecture, vous dites, vous y êtes venue très tard. Vous y êtes venue comment, à la lecture ?

Bulledop : Alors, moi j'ai commencé au lycée, grâce à une enseignante en fait, qui a su me transmettre sa passion pour les livres, avec notamment une lecture qu'elle nous avait fait lire pour les cours, qui était *Farenheit 451* de Ray Bradbury, et depuis je ne me suis jamais arrêtée de lire en fait, j'ai toujours eu un livre sur moi, ça a complètement changé ma perspective de la chose

Cécile de Kervasdoué : Ca a changé votre manière de vivre aussi, ou pas du tout ?

Bulledop : Ah oui, complètement. Parce qu'avant j'étais complètement.... Je faisais partie de ces élèves qui avaient du mal avec les livres imposés, ce genre de choses, c'était vraiment mon... J'avais en horreur tous les livres, et maintenant je suis libraire dans la vraie vie, donc ça a complètement changé ma vie, c'est un peu dramatique de le dire comme ça mais c'est une réalité.

Cécile de Kervasdoué : D'accord. Et effectivement dans votre entourage, vos amis, votre famille et tout, on ne lisait pas ?

Bulledop : Non. Non non. Je suis la seule à lire dans ma famille, c'est pas vraiment une activité qui plait à mon entourage en général.

Cécile de Kervasdoué : Qu'est-ce que ça vous évoque, le fait que chez vous et chez vos proches, vos amis, on ne lit pas ?

Bulledop : Bon, je trouve ça un peu dommage parce que c'est vrai... du coup à travers ma chaîne You Tube je lutte un petit peu pour que les gens voient la littérature comme autre chose qu'une contrainte, comme quelque chose qui peut les distraire et qui peut leur apporter énormément, ne serait-ce qu'au niveau de l'imaginaire ; donc oui, ça m'embête un peu, mais après, c'est comme ça, on a chacun ses passions et je sais très bien que dans ma famille c'est pas forcément la passion qui les anime, mais il y en a d'autres et je respecte ça.

Cécile de Kervasdoué : Mais il se trouve que, effectivement, vous avez envie de faire découvrir la lecture , c'est ça ?

Bulledop : Oui, exactement.

Cécile de Kervasdoué : Et pourquoi ?

Bulledop : Ben, parce que moi, on m'a ouvert les yeux sur cette activité justement grâce à... à cette enseignante qui m'a vraiment ouvert une porte vers un... Enfin c'est bizarre dit comme ça, mais lire pour moi, c'est visiter plein de nouveaux mondes, vivre plein d'aventures, enfin, c'est vraiment un échappatoire, qui fait du bien au moral mais aussi à l'esprit, qui nous permet une ouverture d'esprit assez impressionnante, et je trouve ça important de transmettre ça, de montrer aux gens que ben, un livre, c'est pas quelque chose d'ennuyeux, on peut vraiment autant s'amuser en lisant un bon livre qu'en regardant un bon film ou une bonne série, ou en jouant à un jeu vidéo, enfin pour moi c'est au même niveau, voire même plus parce que du coup, ce qui se passe dans notre tête, c'est toujours plus grand et plus fort que ce qu'on voit à la télé.

Cécile de Kervasdoué : Qu'est-ce qui fait, à votre avis, que peut-être les gens de votre génération, par exemple, puissent avoir cette idée que le livre est ennuyeux ?

Bulledop : Le sujet sensible ! On y vient. Moi je p... Bon, c'est mon avis, hein, mais j'ai cette impression, et je l'ai vécue en fait, quand j'ai commencé à lire, j'avais ce sentiment que c'était quelque chose de mal en fait, d'être jugée en fait, à chaque fois que j'étais en train de lire, je voyais bien que les gens regardaient par-dessus mon épaule pour voir ce que je lisais, et si... Je pense qu'en France on a un souci avec cette culture de la littérature qui se veut un peu élitiste : si on ne lit pas des grands classiques, on ne lit pas de la « vraie » littérature, pour beaucoup de gens, et je pense que ça peut freiner énormément de jeunes en fait, dans cette démarche qui est d'aller chercher un livre qui serait susceptible de leur plaire, et tant pis si c'est pas du Zola ; je pense que ça freine l'envie d'aller lire, et moi en tout cas ça m'a freinée pendant des années, et justement, le fait de vulgariser un peu le livre au travers de mes vidéos, c'est leur montrer que peu importe ce qu'ils lisent, ce qui compte, c'est qu'ils lisent en fait.

Cécile de Kervasdoué : Et ce que vous dites, en fait, c'est qu'il y a une forme de snobisme, c'est ça ?

Bulledop : Ah, complètement. Complètement. Il y a vraiment une forme de snobisme, je le vois, donc, grâce à ma chaîne You Tube, mais aussi dans mon métier de libraire : combien de parents sont venus avec leurs enfants me demander un livre, et quand je leur proposais quelque chose qui serait susceptible de plaire à leur enfant, m'ont dit : « Ah oui, mais non, moi j'aurais voulu un *vrai* livre. »

Cécile de Kervasdoué : Mais alors, qu'est-ce qu'un *vrai* livre ?

Bulledop : Moi je pense que c'est culturel. Je pense que le livre en France, c'est quelque chose de sacré, et on a cette culture du livre qui est vraiment, vraiment très poussée, alors on le voit dans tout, on le voit à l'école, notamment avec les programmes, je sais que certains enseignants ont du mal à faire lire leurs élèves parce que, ils ont un programme imposé qui ne leur permet pas autant de liberté qu'ils le souhaiteraient, mais partout, que ce soit dans les critiques ou à la télévision, ou même par rapport à ce que les gens ont comme opinion d'un livre, même s'ils ne sont pas lecteurs. Par exemple, je suis dans un cercle social, je dis que ma lecture en cours est du Zola, tout de suite, j'ai l'impression que les gens m'élèvent en fait, tandis que si je leur dis que ma lecture actuelle, c'est le dernier , je sais pas, le dernier Harry Potter, disons, qui vient de sortir, là tout de suite, ça fait moins sérieux, c'est tout de suite moins bien.

Cécile de Kervasdoué : Et qu'est-ce que vous en pensez, de ça ?

Bulledop : Ah, moi je trouve ça complètement débile. Pardon pour la vulgarité, mais c'est vrai que je lutte contre ça au quotidien justement, parce que tous les livres sont bons en fait ; avant d'être des grands classiques, c'étaient peut-être des livres qui n'attiraient absolument personne. Je prends souvent l'exemple de Jane Austen, qui était, à l'époque où elle est sortie, le livre à l'eau de rose pour les petites demoiselles, et qui était pas vraiment considérée comme un classique, et à l'heure actuelle, Jane Austen c'est un grand classique.

Cécile de Kervasdoué : Est-ce que vous avez l'impression par exemple, que quand on parle du phénomène BookTube qui arrive ne France, ou en tout cas qui est là un petit peu, enfin je ne sais pas s'il est plus ou moins dynamique ou pas, vous allez me le dire, mais est-ce que pour vous ça bouscule l'institution littéraire ou la vente du livre en France ?

Bulledop : Je ne sais pas si ça bouscule l'institution littéraire, mais c'est vrai que Booktube, surtout ces dernières années, je pense qu'on a un impact sur les ventes ; moindre, hein, à notre échelle, mais je pense qu'il y a des gens qui regardent nos vidéos, et on arrive à les... pas à les influencer, mais à leur donner des idées de lectures, après, à eux de choisir ce qu'ils ont envie de lire, ce qu'ils ont envie de pas lire, il y a tellement de diversité sur BookTube en fait que ça permet vraiment de mettre en avant plein de styles et plein de genre différents ; c'est vrai que dans les médias traditionnels on parle toujours du *young adult*, parce que c'est un genre qu'on retrouve beaucoup sur BookTube, mais il y a de tout, il y a des classiques, du polar, du contemporain, enfin voilà, je pense qu'on peut vraiment toucher pas mal de monde qui recherchent des idées lectures , comme pourraient le faire des libraires par exemple.

Cécile de Kervasdoué : Est-ce qu'il vous semble que par exemple – parce qu'à l'origine ces prix Goncourt, enfin aujourd'hui c'est prix Goncourt, Renaudot, Médicis, c'est aussi des prix qui servent à faire vendre des livres avant les Fêtes – et vous, vous êtes pas du tout dans ce cadre-là ; est-ce que vous êtes en concurrence ? Vous êtes l'avenir ? Vous êtes, comme je disais, le libraire du 21ème siècle ?

Bulledop : Ah non, pas du tout ; enfin en tout cas, moi, selon moi, je ne perçois aucune concurrence. La question n'est pas là ; on n'est pas là pour faire la compétition, enfin, comme je vous le disais tout à l'heure, nous, c'est vraiment de la transmission, la transmission de la passion ; après, ça passe par nos lectures, parce que forcément ça nous concerne, vu que ce sont nos lectures qu'on va commenter face à la caméra, mais on ne cherche pas du tout à prendre la place de qui que ce soit ou autre. C'est pour ça qu'il y a autant de diversité, et je pense que les prix... il y aura toujours des prix, et heureusement, parce qu'on peut trouver des pépites grâce à ça : par exemple, moi j'ai eu un gros coup de cœur pour

La vérité sur l'affaire Harry Quebert, qui était un prix Goncourt des Lycéens, et je pense que si ça n'avait pas été un prix Goncourt des Lycéens je ne me serais pas penchée sur la question.

B. Corrigé des questions

1. Cochez les deux bonnes propositions   *1 point*

B. La jeune femme interviewée est une Book Tubeuse

E. La jeune femme interviewée est une libraire

2. Pour quelle raison a-t-elle commencé cette activité à l'origine?   *2 points*

Parce qu'elle avait envie de partager sa passion de la lecture avec d'autres personnes

3. Vrai ou faux ?   *1 point*

	VRAI	FAUX
La jeune femme interviewée a commencé à lire très tôt		X

4. Comment a-t-elle commencé à s'intéresser à la lecture ?   *2 points*

Au lycée, une de ses professeurs lui a a donné le goût de la lecture en lui faisant découvrir un livre

5. Cochez la proposition correcte   *1 point*

C. A l'école, elle détestait les livres imposés

6. Vrai, faux, ou on ne sait pas ? Selon la jeune femme interviewée :   *3 points*

	VRAI	FAUX	On ne sait pas
La lecture permet de visiter beaucoup de nouveaux mondes	X		
La lecture permet d'élargir sa culture générale			X
La lecture permet de trouver un bon métier			X
La lecture est une activité moins intéressante que regarder un film		X	
La lecture permet de s'ouvrir l'esprit	X		
La lecture peut être mauvaise pour le moral		X	

🔊 Pour quelle raison, selon la jeune femme interviewée, les jeunes ne lisent-ils pas ? *2 points*

C'est parce qu'ils ont l'impression que les autres vont mal les juger s'ils ne lisent pas de « vrais » livres

🔊 Cochez les deux propositions correctes   *2 points*

A. En France, les gens pensent qu'un vrai livre est forcément un classique

E. La jeune femme pense que la culture du livre ne favorise pas la lecture chez les jeunes

9. Quelle idée illustre l'exemple de Jane Austen choisi par la jeune femme interviewée ?

2 points

Elle veut dire que certains livres, inconnus et mal appréciés au début, sont reconnus plus tard comme des grands classiques de la littérature

10. Vrai ou faux ?   *1 point*

	VRAI	FAUX
La jeune femme interviewée pense que son activité bouscule l'institution littéraire en France		X
La jeune femme interviewée estime qu'elle est là pour donner des idées aux gens	X	

11. Quelle différence la jeune femme interviewée établit-elle entre son objectif et celui des Prix Littéraires ?   *2 points*

Les Prix Littéraires sont plutôt là pour faire vendre beaucoup de livres, alors qu'elle ne souhaite que transmettre sa passion//partager les livres qu'elle a découverts.

■ **Exercice 2**

1. Compréhension documents sonores courts

A. Transcription intégrale des documents courts 1 et 2 :

1) Youssou Ndour *A Gorée l'histoire résonne encore*, RFI, 15 Novembre 2016

Présentateur : L'album *Africa Rekk* s'ouvre avec le titre « Gorée », alors Gorée, cette terre qui a été, alors, conquise par le français d'Estrées pour le compte de la France, qui a été donc un endroit de villégiature pour les colons, mais l'endroit de l'infamie également puisque des millions d'africains ont été déportés de cette terre-là. Que dis-tu dans « Gorée » ?

Youssou Ndour : Ben c'est une visite, en fait je raconte l'histoire d'une visite avec des amis, qui venaient du Nord, et que ça résonnait encore, l'histoire de Gorée résonnait, et à la fin de cette visite j'ai écrit une chanson en disant : quand je suis allé avec mes amis, on m'a expliqué que les enfants étaient séparés, les filles et les garçons, les femmes et les hommes, et ils sont partis, tous, leur souhait, c'était de revenir. Bon, nous sommes... Ils sont revenus, par la musique, quand j'entends la musique reggae, la musique des Antilles, c'est une partie de nous quand même.

Présentateur : Bien sûr. Clairement.

Youssou Ndour : Et chaque fois, on quitte Gorée, et on dit : on va essayer d'oublier, chaque fois, on retourne, ça résonne dans notre tête...

②Christiane Taubira, ancienne Ministre, *l'esprit de fraternité,*

France Inter, 13 novembre 2016

Christiane Taubira : La fraternité, elle est là, mais c'est vrai que les hommes politiques n'en ont pas forcément conscience ; elle est là, où ? Il y a douze millions de bénévoles dans ce pays. 12 millions de français qui, à temps partiel – enfin, à temps partiel plus ou moins important – donnent de leur temps aux autres. Il y a des mouvements de solidarité dans des tas de situations. Vous savez que nous avions... il y avait dans la loi un délit de solidarité ; c'est-à-dire qu'il y a des français qui, au plus fort du discours anti-immigrés, anti-étrangers, égoïste, « *occupez-vous de vos affaires* », vous avez des personnes qui, avec des risques, avec des risques judiciaires, aident quand même. Donc voilà, la fraternité, elle est là. Tous ces bénévoles, vous avez raison d'évoquer tous ces bénévoles qui, lorsque le pays est frappé, viennent, aident, se mettent à disposition ; y compris des personnes auxquelles on ne pense pas, des personnes qui ont assuré le transport gratuit en taxi, en VTC, des personnes dans la nuit, donc ce sont pas des personnes auxquelles on pense spontanément. Donc moi je crois que la fraternité est profondément dans la culture, simplement il faut la faire vivre effectivement, et si on continue, par exemple, à dénigrer les politiques de solidarité, on fragilise la fraternité. Y compris sur des choses qui ont l'air d'être très loin de la fraternité : les politiques de redistribution sont des politiques de solidarité, donc c'est la mise en œuvre de la fraternité. Or lorsque l'on dénigre l'impôt, il faut réhabiliter l'impôt, il faut le rendre juste.

> **Document 1**
>   1. La personne interviewée est (1 seule réponse possible)   *1 point*

D. un musicien

2. Selon lui, que voulaient les millions d'africains qui sont partis de Gorée ?   *1 point*

Ils voulaient revenir un jour

Selon lui, y sont-ils parvenus ? Par quel moyen ?   *1 point*

Oui, ils sont revenus par la musique, qui s'est transmise aux Antilles et est revenue en Afrique

> **Document 2**

Le sujet de cette intervention est (1 seule réponse possible)   *1 point*

A. l'esprit de fraternité en France

2. La personne qui s'exprime (cochez <u>deux</u> réponses correctes)   *2 points*

A. pensent que les gens qui enfreignent la loi par solidarité ont raison

D. La redistribution est une manifestation de la fraternité

Partie 2

COMPRÉHENSION DES ECRITS

25 points

A. Questions sur l'ensemble du texte

1. Ce texte est   *1 point*

B. une critique politique

2. Le sujet principal de ce texte est   *2 points*

C. le déficit démocratique révélé par la gouvernance de l'Union Européenne

B. Première partie du texte

3. Comment ont réagi les dirigeants britanniques et les médias à la suite du référendum sur la sortie de la Grande-Bretagne de l'Union Européenne ?   *2 points*

Ils ont jugé que le peuple avait « mal » voté et que c'était une erreur de lui proposer de voter sur cette question

4. Vrai ou faux ? Justifiez chacune des réponses par une citation   *2 points*

	VRAI	FAUX
1. La classe dirigeante pense que le peuple vote contre l'Europe parce qu'il est ignorant	X	
2. L'auteur pense que les gens qui votent ainsi savent très bien ce qu'ils font	X	

Citation 1 « *Ce référendum n'est pas la victoire des peuples sur les élites, mais des gens peu formés sur les gens éduqués* »

Citation 2 « **les citoyens rejettent les traités européens non pas parce qu'ils seraient mal informés, mais parce qu'au contraire ils tirent des leçons tout à fait logiques d'une expérience décevante de près de soixante ans.** »

5. Choisissez le proposition correcte   *1 point*

B. La philosophie de la Déclaration universelle des droits de l'homme est aujourd'hui attaquée par les classes dirigeantes

6. Les dirigeants comme Alain Juppé et Manuel Valls sont-ils favorables ou opposés à des référendums sur les questions européennes ?   *1 point*

Ils sont favorables	
Ils sont opposés	X

7. Pourquoi ?   (répondez avec vos propres mots)   *1 point*

Parce qu'ils ne sont pas certains que le résultat serait celui qu'ils souhaitent

8. Choisissez deux propositions correctes parmi les suivantes   *1 point*

A. La façon l'Europe fonctionne montre qu'on est en train de sortir de la démocratie

D. L'Europe révèle un glissement anti-démocratique qui se retrouve à l'échelle nationale

👍 Deuxième partie du texte

9. Donnez trois exemples de composantes de la « société civile »   *1,5 point*

Les syndicats
Les ONG
Les organisations patronales

NB : *on peut accepter aussi : « des associations », « des groupes de pression », « des groupes d'intérêts », « des cabinets d'experts »*

10. Selon l'auteur du texte, la « société civile » est-elle une instance démocratique? Justifiez votre réponse par une citation :   *1,5 points*

OUI	
NON	X

Citation :   **« La « société civile » ne repose en effet sur aucun critère de**

représentativité ou de légitimité »

11. Vrai ou faux ? Justifiez votre réponse par une citation   1 point

La Commission Européenne partage son pouvoir avec la « société civile »

VRAI	
FAUX	X

Citation : **« Le dialogue instauré avec la « société civile » par la direction de l'Union Européenne n'implique cependant aucun partage du pouvoir de décision »**

12. Choisissez les propositions correctes   3 points

A. **La Commission Européenne choisit les interlocuteurs qui vont approuver ses décisions**

D. **Selon l'auteur, la « société civile » ne représente pas le peuple**

E. **Selon l'auteur, le vote N'est plus à l'origine de la prise de décision**

D. Troisième partie du texte

13. Vrai ou faux ?   1 point

	VRAI	FAUX
La « gouvernance » n'est pas fondée sur des idées mais sur une approche technique de la gestion des affaires		X

14. Avec vos propres mots, expliquez pourquoi les dirigeants européens ne tiennent pas compte du résultat des consultations électorales   2 points

C'est parce qu'ils pensent que leur pouvoir et leur autorité ne leur viennent pas

seulement du peuple et de son vote

15. Choisissez les propositions correctes.   *3 points*

C. Les peuples d'Europe pensent que la démocratie est plus solide dans chaque nation qu'en Europe

E. les classes dirigeantes pensent qu'écouter le peuple risque de donner des résultats dangereux

F. l'auteur pense que l'Europe serait très différente si on écoutait davantage le peuple

16. Vrai ou faux ?   *1 point*

	VRAI	FAUX
Les injustices et les crise sociale causent plus de mécontentement chez les peuples que la perte de leur souveraineté		X

Corrigé Partie 3

PRODUCTION ECRITE

25 points

■ **Exercice 1 : Synthèse de documents**   *13 points*

les handicapés et le monde du travail

La France compte 12 millions d'handicapés, beaucoup tant capables de trouver une place dans le monde du travail. Malheureusement, les statistiques montrent que c'est toujours très difficile : seuls 20% des hommes handicapés travaillent, et leur taux de chômage atteint 18%, le double de celui de la population valide. Les femmes handicapées sont encore plus touchées : seules 2% d'entre elles ont un emploi. L'origine de ceci est la discrimination : 8,5 % des plaintes pour discrimination reçues concernent le handicap.

Pourtant la France a un cadre législatif pour assurer l'insertion professionnelle des personnes handicapées. Toute entreprise d'au moins 20 salariés a une obligation d'embauche d'handicapés. Ceux-ci doivent représenter 6% des employés, y compris dans les administrations publiques. La loi oblige les entreprises à adapter leurs locaux pour les rendre accessibles et utilisables.

Malgré cela, les préjugés et les clichés continuent de freiner l'emploi de ces personnes. Les employeurs ont des idées reçues qui les retiennent : on pense qu'un handicapé sera moins compétent ou moins performant qu'un salarié valide, les handicaps invisibles (la grande majorité) suscitent la méfiance, les entreprises ont peur que la personne handicapée soit une charge plutôt qu'une aide, et sont réticentes à aménager leurs locaux en raison du coût. Les femmes handicapées sont encore plus pénalisées, car les préjugés contre les femmes au travail s'ajoutent au préjugés sur le handicap. L'ONU recommande la lutte contre ces clichés. Il faut promouvoir une image positive de ces femmes. (241 mots)

■ Exercice 2 : Essai argumenté

Cher Monsieur,

Je vous écris suite à notre entretien téléphonique au sujet des personnes handicapées de notre association, que vous seriez susceptible de recruter. L'une de ces personnes souffre d'un handicap de mobilité réduite, il faudra donc aménager vos locaux pour l'accès à la chaise roulante, comme le prévoit la loi de 2005. Les deux autres personnes souffrent d'un handicap non visible, comme la grande majorité des personnes handicapées en France. Vous avez exprimé quelques réserves sur l'embauche de ces deux personnes, aussi je tiens à préciser quelques points : le handicap invisible est un handicap réel, il peut s'agir d'une maladie neurologique ou de troubles psychiques, ou encore de troubles de la vision, mais cela n'empêche nullement les travailleurs handicapés d'être compétents et assidus au travail. Les statistiques prouvent que les handicapés ne sont pas plus absents au travail que les travailleurs valides. Ces personnes ont occupé des emplois auparavant, sans aucun problème. Pour finir, vous m'avez dit ne pas désirer embaucher une femme handicapée que nous vous recommandons, au motif que vous ne la croyez pas capable de remplir les tâches requises par le poste. Je vous prie de bien vouloir revenir sur votre décision et de la prendre au moins à l'essai. En effet, il est très important que des femmes handicapées puissent faire leurs preuves et servir de modèle aux autres. Vous donneriez en embauchant cette dame une image extrêmement positive de votre entreprise en aidant la cause du handicap au travail, en surmontant le double préjugé contre les handicapés et les femmes au travail. J'espère que vous serez sensible à notre demande.

Sincères salutations, X (270 mots)

Corrigé Partie 4

PRODUCTION ORALE

25 points

Thème de l'exposé : le voyage spatial touristique

Introduction : Je vais vous parler du « voyage spatial touristique», qui est un vieux rêve depuis les premiers vols habités lancés par les Américains et les Soviétiques dans les années 60. Depuis 1969, qui n'a pas rêvé de marcher sur la lune ? Aujourd'hui, ce rêve de promenade dans l'espace pour le plaisir est en train de devenir réalité sous nos yeux, car depuis quelques années, les vols suborbitaux ne sont plus réservés aux seuls astronautes ; ceci, grâce à la privatisation du marché. Je parlerai d'abord des entrepreneurs « rêveurs » qui sont en train de donner corps à cette aventure, pour leur opposer ensuite le réalisme scientifique, qui soulève plusieurs obstacles à la conquête de l'espace.

Développement : Même s'il est en projet depuis 2004 avec les premières tentatives de Virgin, le « tourisme spatial » ne s'est vraiment concrétisé que depuis quelques années avec l'envoi de 7 « touristes » milliardaires à la station spatiale internationale grâce à un vaisseau russe. Ils avaient payé entre 20 et 35 millions de dollars leur billet ! Aujourd'hui, plusieurs entreprises privées en sont au stade des derniers essais d'aéronefs capables de transporter des gens pour beaucoup moins cher. La liste d'attente est déjà longue. Il s'agit de Virgin Galactic, de Richard Branson, de Blue Origin, de Jeff Bezos. Un vaisseau comme SpaceUnity de Virgin pourrait emmener des « touristes » pour un vol dit « suborbital », c'est-à-dire à environ 100 kilomètres au-dessus de la terre, où ils resteraient cinq minutes en apesanteur, avant de redescendre. Le tout, pour la modique somme de quelques centaines de milliers de dollars, et avec seulement trois jours d'entraînement. Ce marché représente potentiellement 1 milliard de dollars. Les aéronefs conçus pour de telles altitudes et vitesses pourraient en outre être utilisés pour des vols ultra-rapides d'un point de la terre à un autre.

Mais Elon Musk, Fondateur et PDG de Tesla Motors, voit beaucoup plus grand. Il est en train de tester un vaisseau qui devrait partir vers Mars dès 2018. Il envisage de fonder une colonie sur mars en envoyant des « colons » volontaires à partir de 2024, en baissant énormément le prix du billet (sans retour).

Face à ces rêveurs, que dit la réalité ? D'abord, il y a la technique : les vaisseaux destinés aux vols suborbitaux ne sont pas encore tout à fait au point. SpaceShipTwo s'est écrasé en 2014, un sérieux revers pour Virgin Galactic. Les passagers devront s'attendre à risquer leur vie, car ces vols resteront toujours plus dangereux que des vols en avion ordinaires. Ensuite, il y a la législation : ne peut pas se promener dans l'espace qui veut. Les règles strictes de l'aviation risquent de mettre des bâtons dans les roues de ces audacieux entrepreneurs. De même pour les autorisations de vols spatiaux. Quant au voyage vers d'autres planètes (sans parler du séjour), il apparaît encore plus irréaliste. En effet, les longs séjours dans l'espace, comme par exemple les centaines de jours de voyage que réclame un aller vers Mars et le retour, mettraient le corps et l'esprit humain à rude épreuve : il y a des radiations dangereuses, dues aux éruptions solaires, l'organisme de l'homme (cœur, os) réagit mal à l'apesanteur, et pyschologiquement parlant, la vie en commun, dans un tel confinement, sur une telle durée, est difficile à envisager pour des gens ordinaires.

Conclusion : Les vaisseaux étant déjà presque au point, l'avenir nous dira assez vite qui, des rêveurs ou des réalistes, a raison. Il y a quoi qu'il en soit déjà des centaines de candidats au vol suborbital en liste d'attente, ce qui donne une certaine consistance aux rêves de Musk et de Branson.

Questions possibles du jury pendant l'entretien :

- Combien seriez-vous prêt(e) à dépenser pour un voyage dans l'espace ? Pourquoi ?

- Pensez-vous que le projet d'une colonie sur Mars est possible à l'avenir ? Pourquoi ?

- Si vous aviez des milliards à investir dans un projet, quel serait-il ?

- Pensez-vous que l'espace doit être une source de profits ?

- Pensez-vous qu'un voyage, quel qu'il soit, vaut la peine qu'on risque sa vie ?

CORRIGÉ DU TEST 6

Partie 1

COMPRÉHENSION DE L'ORAL

25 points

■ **Exercice 1**

1. Compréhension du document sonore long

A. Transcription intégrale du document long : Frédéric Lordon - Les matins de France Culture, 5 octobre 2016, sur son livre *Les affects de la politique* - interview avec Guillaume Erner

Guillaume Erner : Bonjour Frédéric Lordon.

Frédéric Lordon : Bonjour.

Guillaume Erner : Vous êtes économiste, philosophe, on vous a notamment beaucoup entendu il y a quelques mois, au moment de Nuit Debout ; Nuit Debout, paraît-il, est en train de renaître de ses cendres, on voit à nouveau des comités fleurir un peu partout, on écoute Nuit Debout première version :

Manifestant 1 : *Le mécontentement, la frustration, est bien bien supérieur. Enfin, va au-delà de la Loi El Khomri*

Reporter : *Et vous, vous venez ici pour quoi, pour essayer de réfléchir, pour trouver des idées nouvelles, pour quoi ?*

Manifestant 2 : *Ouais, tout à fait, ouais, exactement, c'est-à-dire, envisager une autre façon de faire de la politique, envisager une autre société...*

Reporter : *Qu'est-ce que vous, vous réclamez dans cette France d'aujourd'hui ?*

Manifestante 3 : *de l'écoute. Ca veut dire, les citoyens, c'est pas un... on ne donne pas un blanc-seing pendant 5 ans, et puis tu réformes comme tu veux, tu fais ce que tu veux, et rendez-vous, ben, aux prochaines élections.*

Guillaume Erner : Diriez-vous, Frédéric Lordon, que le mouvement est en train de renaître, qu'il n'a jamais cessé d'exister ?

Frédéric Lordon : Je n'en sais rien, pour tout vous dire. Il m'arrive, de temps en temps de faire un détour par la Place de la République, de regarder ce qui s'y passe, et je vois qu'un peu de vie politique y a repris, je m'en réjouis ; quant à savoir si on pourrait assister à une renaissance en bonne et due forme, enfin à quelque chose qui aurait l'ampleur de ce qui s'est passé au printemps, je dois dire que mes capacités de pythonisse sont un peu dépassées, je n'en ai pas la moindre idée ; mais enfin, il y a, voilà... la braise rougeoie sous la cendre, et c'est plutôt une bonne nouvelle.

Guillaume Erner : Alors vous êtes avec nous pour ces deux parties des *Matins*, on va donc évoquer différents sujets ; vous publiez *Les affects de la politique* aux Éditions du Seuil, Frédéric Lordon, un livre où vous montrez à quel point les passions, selon vous, ont un rôle essentiel dans le domaine de la politique, à quel point elles ne doivent pas être négligées, vous dites finalement que ce qui pourrait passer pour irrationnel n'est en rien méprisable, expliquez-nous pourquoi.

Frédéric Lordon : Oui, c'est... Il faut commencer en effet par dire quelque chose de la proposition générale de cet ouvrage. Lorsqu'on dit : « il y a des passions en politique », on livre un énoncé avec lequel, spontanément, beaucoup de gens peuvent se retrouver d'accord, mais jusqu'à un certain point seulement. Et toute la proposition théorique de ce livre, c'est d'amener le lecteur au-delà de ce certain point qu'il refuse de dépasser. Alors, qu'il y ait de la passion en politique, ben oui, ça, les gens l'accorderaient aisément : les uns veulent pendre les autres à un croc de boucher, les autres veulent marcher sur les uns, de préférence du pied gauche parce que ça porte bonheur, etc.,etc.

Bon, ben c'est normal, c'est la politique, c'est un monde d'emportement, etc. Mais par ailleurs, ajoute-t-on, la politique dans son acception la plus haute, c'est aussi une question d'idées, de principes, de valeurs, d'argumentation, de discussions rationnelles si possible, etc.,etc., et c'est évidemment là que naît le dissensus ; car la proposition spinoziste est d'une tout autre nature ; la proposition spinoziste c'est de... consiste à dire que les... le terme d'*affect* doit être compris bien au-delà de ce que l'esprit commun ou le sens commun contemporain reçoit sous ce mot. Par *affect* on entend en général « les émotions ». L'usage typique du mot d'*affect*, c'est « *Ah, c'est un affectif, il est trop dans l'affec*t » ou bien au contraire « *il est sans affect* », etc.,etc. Bon. Mais les *affects* chez Spinoza, c'est bien plus que les émotions. *Affect*, c'est la dénomination la plus générale de l'effet produit par une chose sur une autre ; donc en particulier, de l'effet produit par un homme sur un autre, ou par un groupe d'hommes sur un autre groupe, par la multitude sur chacun de ses membres, etc., etc. Et dans ces conditions, sous cette redéfinition extrêmement étendues, les idées cessent d'être un terme antinomique aux *affects* et aux passions ; et on le sait bien en réalité, d'une certaine manière, car les idées ne nous touchent que dans certaines conditions particulières, et ces conditions, c'est précisément qu'elles soient accompagnées, d'une certaine manière, par des *affects*. Et c'est cela même qui nous rend sensibles à ces idées.

Guillaume Erner : Et dans ce livre, on peut trouver – ou en tout cas moi, j'ai cru trouver – une critique de ce que vous appelez les « petits producteurs intellectuels », éditorialistes, experts, hommes politiques, universitaires, ce que Bourdieu appelait les « demi-savants », qui pensent que les idées dominent le monde, qui pensent, en réalité, selon vous, que *leurs* idées dominent le monde, ils ont tort ?

Frédéric Lordon : Oui. En effet. Alors, tout dépend de ce qu'on entend exactement par « idées », et c'est ça la question, hein ? Spinoza prend le mot d' « idées » au sérieux, c'est-à-dire qu'il considère les idées dans leur dimension purement idéelle ; et dans ces conditions, montre-t-il, car c'est là effectivement tout le centre de l'affaire, hein, tout ce que... tout ce dont j'essaie de parler ; en tant qu'elles sont considérées comme purement idéelles, les idées n'ont pas d'effet, n'ont pas d'effet sur les corps, elles sont incapables de déterminer des mouvements de corps. Spinoza dit, de manière imagée : « *l'idée du chien ne mord pas* ».Or en effet, les « petits producteurs », ceux que j'appelle à la manière de Bourdieu les « petits producteurs intellectuels », ont eu tendance à soutenir la thèse que les idées mènent le monde, au terme d'un syllogisme qui était cousu de fil blanc puisque l'idée est que, si les idées mènent le monde, et que nous sommes les producteurs d'idées, alors c'est nous qui menons le monde. Mais si l'on suit la ligne spinoziste, il n'en est rien : les idées ne mèneront le monde qu'à certaines conditions très particulières, et ces conditions sont d'ordre passionnel, à savoir, que si ces idées sont accompagnées *d'affects* qui ont été produits, adéquatement, pour qu'elles puissent affecter le plus grand nombre, puisque c'est ça, l'affaire de la politique. Et d'une certaine manière, moi, il m'a semblé que Marx avait dit ça à sa façon dans... Je crois que c'était la *Contribution à la critique de la Philosophie du Droit de Hegel*, où Marx dit à peu près ceci : « *les armes de la critique ne sauraient remplacer la critique des armes, mais la théorie peut devenir une arme si elle s'empare des masses* ». Alors là, tout est dit, si vous voulez : les armes de la critique, (ben oui, en effet, c'est ce que produisent les intellectuels ou les «petits producteurs » d'idées) ne suraient remplacer la critique des armes, c'est-à-dire, d'un point de vue métaphorique, l'action politique en marche. Pour que la théorie devienne une force efficace, il faut qu'elle réussisse à s'emparer des masses ; et ma thèse est que cet emparement est d'ordre passionnel. C'est cela dont j'essaie de faire la théorie. On a toujours de bonnes raisons de se révolter. Alors on pourrait partir d'une intuition dont je vous accorderai le caractère un peu rustique, mais qui me paraît assez robuste et bien fondée, c'est que les gens, en général, les salariés en particulier, ont une préférence pour la tranquillité ; c'est un effort, c'est une lutte vis-à-vis de soi-même, de se déclarer mécontent, de se déclarer souffrant, de se mettre en grève, de descendre dans la rue et l'on n'y descend que si l'on a été déterminé à y descendre, voilà. Donc il faut s'intéresser à ces processus de détermination si on veut comprendre quelque... quoi que ce soit aux crises sociales.

Guillaume Erner : Mais alors, vous êtes à la fois philosophe, économiste, on vous doit un certain nombre d'ouvrages d'économie, pourquoi dans ce cas-là ne pas, en quelque sorte, éclairer le débat public, pourquoi ne pas prendre la tête de cette mobilisation ? Nuit Debout avait pour but, donc, de conduire à une mutation sociale – je ne sais pas quel terme lui donner – on a l'impression que ça s'est arrêté en rase-campagne, même si ça renaît, est-ce que vous n'avez pas finalement des regrets, Frédéric Lordon, de ne pas avoir pris de manière plus concrète la tête du mouvement ?

Frédéric Lordon : Je... Aucun regret, et pour plein de raisons. Nuit Debout avait pour but, etc., avez-vous dit, mais je ne sais pas si Nuit Debout avait un but en réalité ; bon, mais bien sûr, dans l'esprit des initiateurs de Nuit Debout, il y avait quand même quelques intentions et quelques finalités, mais je pourrais dire qu'il s'agissait des finalités génériques que quelque chose se passe enfin. Quelque chose se passe enfin dans cette vie politique, qui est définitivement congelée par les institutions de la Vème République, et que quelque chose ne peut s'y passer que si on contourne ces institutions...

<u>B. Corrigé des questions</u>

1. Quelle est la profession de Frédéric Lordon ?   *1 point*

Il est économiste et philosophe

2. Que veulent les manifestants de Nuit Debout entendus dans l'extrait ?   *1,5 points*

Ils veulent une autre façon de faire de la politique, une autre société, et ils veulent être écoutés par les politiques

3. Vrai ou faux ? *1,5 points*

	VRAI	FAUX
Frédéric Lordon croit que le mouvement Nuit Debout est en train de renaître		X
Frédéric Lordon pense que la vie politique se passe Place de la République		X
Frédéric Lordon est heureux que le mouvement Nuit Debout semble redémarrer	X	

4. Quel est le titre du livre que Frédéric Lordon vient de publier ? *1 point*

Les affects de la politique

5. Quel est le propos principal de ce livre, tel que le résume le journaliste? *2 points*

Les passions, l'irrationnel, jouent un rôle dans la politique

6. Cochez les deux propositions correctes *2 points*

B. Tout le monde est d'accord avec le fait qu'il y a beaucoup d'émotion en politique

C. les gens pensent que la politique est surtout une affaire d'idées rationnelles

7. Quel est le synonyme du mot « affect » dans l'esprit de la plupart des gens ? *1 point*

Émotion(s) ou passions

8. Quelle est, selon Lordon, la définition de l'*affect* par Spinoza ? *1 point*

C'est l'effet qu'une chose a sur une autre

9. Vrai ou faux ? *2 points*

	VRAI	FAUX
Selon Lordon les idées sont le contraire des passions		X
Selon Lordon, les idées ne nous touchent qu'accompagnées d'émotions	X	

10. Donnez deux exemples de ce que Lordon et Bourdieu appellent « les petits producteurs intellectuels » *1 point*

On peut accepter parmi les réponses : **les éditorialistes, les experts, les hommes politiques, les universitaires**

11. Choisissez les deux propositions correctes *1 point*

A. Selon Lordon, les idées ne sont pas capables de déterminer l'action chez les gens

D. Selon Lordon, les gens qui pensent que nos idées seules mènent le monde se trompent

12. Quelle est la condition pour que les idées touchent les gens et les incitent à agir ? *1 point*

Il faut que les idées soient accompagnées par des émotions//des passions

13. Vrai ou faux ? *1 point*

	VRAI	FAUX
Les gens, en particulier les salariés, sont toujours prêts à se révolter		X
Pour comprendre les crises sociales il faut comprendre comment la théorie agit sur les masses	X	

14. Quelle question le journaliste pose-t-il à Frédéric Lordon à propos de Nuit Debout, à la fin de l'interview ? *1 point*

Il lui demande pourquoi il n'a pas pris la tête du mouvement Nuit Debout//Il lui demande s'il regrette de ne pas avoir pris la tête du mouvement Nuit Debout

15. Selon Frédéric Lordon, que voulaient réellement les manifestants de Nuit Debout ?   *1 point*

Ils voulaient que quelque chose change enfin en politique

■ Exercice 2

1. Compréhension documents sonores courts

A. Transcription intégrale des documents courts 1 et 2 :

1) **Lucie Roger, professeur en collège, France Culture, 10 novembre 2016**

Lucie Roger : A la suite des attentats, j'ai vraiment compris que les élèves ne comprenaient rien à ce qui se passait dans leur monde, en fait, qu'ils étaient incapables de traiter une information, certes parce qu'ils sont jeunes, mais aussi parce qu'ils n'avaient aucune clé dans ce milieu social-là. C'est là que j'ai voulu me mobiliser davantage pour leur permettre de comprendre le monde, la société et l'actualité, au-delà de nos disciplines scolaires ; ensuite, dans ma pratique, en Troisième j'ai instauré un petit travail oral que j'ai intitulé « la minute actu » : chaque semaine un élève devait apporter un article de journal, comprendre de quoi ça parlait, il devait savoir si ce journal était engagé, et de quel bord, pour essayer un peu de décrypter l'information justement, de filtrer les choses, parce que je me suis bien rendu compte que le problème, c'était le filtre et que, une information Facebook, une information du Monde, et une information du Canard Enchaîné, pour eux, c'était la même. Donc voilà, chaque semaine un élève passait à l'oral pour présenter un article, un thème, etc. C'a été laborieux, ça ne marchait pas toujours très bien, les élèves étaient en difficulté, donc je me suis dit qu'il faudrait que je retravaille ça encore, et cette année, à cette rentrée, j'ai décidé de monter un Club UNESCO au sein de l'établissement, pour justement avoir un temps réservé au traitement de l'actualité, au traitement de la géopolitique etc., et pour que tous ceux qui ont envie d'en parler puissent venir en parler. Mon souhait, en tout cas, c'est que les élèves de tout le Club créent des actions, pour que ce qu'ils découvrent sur le monde, sur l'actualité, puisse être vu par tous les autres élèves.

2) **Au Canada, 80 000 fonctionnaires ne sont plus payés, Géraldine Woessner**

Europe 1, 17 novembre 2016

Journaliste : Allez, après les quotidiens nationaux, la presse internationale : Géraldine, les fonctionnaires canadiens vivent un véritable cauchemar, le gouvernement a changé son système de paye, c'est un fiasco, mais alors, intégral...

Géraldine Woessner : « Une débâcle », Samuel, écrit l'Ottawa Citizen, et qui dure depuis des mois, depuis qu'en février le gouvernement a installé un nouveau système de paie pour ses employés ; l'idée, c'était de faire des économies : 2 700 agents ont été licenciés et un logiciel conçu par IBM devait prendre le relais, Phoenix – ça fait rêver, hein ? – Problème : 80 000 agents depuis – un tiers de la fonction publique canadienne – vit un stress inouï, beaucoup ne reçoivent plus leur paye depuis le printemps, d'autres ont changé d'échelon, ont payé le triple d'impôts, ça « bugge » à tous les niveaux, et les histoires qu'on lit dans la presse sont incroyables, hein, celle de Billy Ryan, par exemple, garde-côte dans l'Atlantique Nord, plus un sou depuis le mois de juin et depuis son bateau il ne pouvait joindre personne, il a cru devenir fou ; à Terre-Neuve, certains cadres ont carrément négocié des prêts avec leurs banques pour aider les petits salaires à payer l'épicerie, et de guerre lasse certains ont démissionné, hein, des infirmières par exemple, le privé, ça paie, elles ont abandonné le service public.

B. Réponses aux questions

> **Document 1**

1. La personne qui parle est   *1 point*

C. enseignante dans un collège

2. Le travail qu'elle a donné aux jeunes consistait à   *1 point*

A. présenter chaque semaine un article de presse commenté

3. Vrai ou faux ?   *1 point*

	VRAI	FAUX
Les jeunes ont très bien réussi dans ce travail		X

> **Document 2**

1. Ce mini reportage parle   *1 point*

B. des fonctionnaires canadiens en difficulté financière

2. Expliquez quelle est l'origine du problème   *2 points*

Depuis le printemps le gouvernement canadien a remplacé les employés chargés de la paye par un logiciel qui ne fonctionne pas et un tiers des fonctionnaires ne sont plus payés ou ont d'autres problèmes.

Partie 2

COMPRÉHENSION DES ECRITS

25 points

A. Questions sur l'ensemble du texte

1. Le texte d'Edgar Morin est plutôt   *1 point*

A. un essai éthique et philosophique

2. Quel est le sous-titre qui lui convient le mieux ?   *2 points*

   ! **« Pour une solidarité et une responsabilité universelles »**

B. Questions sur la première partie

3. Vrai ou faux ?   *1 point*

	VRAI	FAUX
Edgar Morin est d'accord avec l'humanisme qui place l'homme au centre et aux commandes du monde		X

4. Comment se définissait l'humanisme de Montaigne ?   *1 point*

Il était universel // il ne faisait pas de différences entre les hommes

5. Montesquieu était-il plutôt en accord ou plutôt en désaccord avec l'humanisme de Montaigne ? Justifiez votre réponse par une citation   *2 points*

Plutôt en accord	Plutôt en désaccord
X	

Citation « *s'il faut décider entre sa patrie et l'humanité, il faut choisir l'humanité* »

6. Choisissez la proposition correcte parmi celles qui suivent   *1 point*

B. L'humanisme qui a inspiré la déclaration de 1789 a dans la réalité été réservé aux hommes blancs

7. Citez la phrase qui montre qu'Edgar Morin ne souhaite pas inventer un humanisme, mais retourner aux origines   *1 point*

« Nous n'avons pas besoin d'un nouvel humanisme, nous avons besoin d'un humanisme ressourcé et régénéré. »

8. Quelle importante notion Condorcet a-t-il associé à l'humanisme ?   *1 point*

Le progrès

C. Questions sur la deuxième partie

9. Quelle est le rapport entre la mondialisation et l'humanisme que souhaite Morin ? Répondez avec vos propres mots   *2 points*

La mondialisation fait que désormais l'humanisme est, ou devrait être, planétaire

10. Par quoi, selon E.Morin, la vie de l'espèce humaine est-elle menacée ?   *2,5 points*

Les armes nucléaires, les guerres qui impliquent toute la planète, le fanatisme, la dégradation physique de la planète, les crises économiques dues au capitalisme incontrôlé *(5 éléments exigibles)*

11. Vrai, faux, ou on ne sait pas ?   *1,5 point*

	VRAI	FAUX	On ne sait pas
L'humanité doit se transformer profondément pour survivre	X		
La solidarité et la responsabilité ont complètement disparu		X	

La solidarité et la responsabilité ne peuvent pas être universelles		X

12. Quelle est l'idée dont l'humanité doit absolument prendre conscience au 21ème siècle ?

1 point

L'idée que nous sommes tous citoyens de la « terre-Patrie »//Le destin de la terre est notre destin à chacun// Toute l'humanité est solidaire vis-à-vis d'elle-même, et de la terre sur laquelle elle vit

13. Choisissez les deux propositions correctes *1 point*

A. la planète est embarquée dans une aventure dangereuse à cause de la technologie et de l'économie incontrôlées

C. Edgar Morin espère que le destin de la planète et de l'humanité va changer, mais n'en est pas sûr.

D. Questions sur la troisième partie

14. Vrai ou faux ? *1 point*

	VRAI	FAUX
Edgar Morin pense que devons ne plus être sûrs de rien, et nous contenter d'espérer	X	

15. Comment Edgar Morin définit-il le transhumanisme (3 éléments) *3 points*

C'est la capacité scientifique à transformer l'homme par la biologie, la fusion de plus en plus grande avec les outils informatiques, et l'élaboration d'une conscience de plus en plus humaine pour les machines

Choisissez trois propositions correctes parmi celles qui suivent 3 points

B. Les possibilités de changer la biologie de l'homme risquent d'engendrer des inégalités

C. La métamorphose de l'humanité doit être morale et spirituelle avant d'être technique

E. Il faut voir l'humanité comme une aventure plutôt que comme une réalité fixe

Corrigé Partie 3

PRODUCTION ECRITE

25 points

■ **Exercice 1 : Synthèse de documents** 13 points

En 1989, les Nations Unies ont adopté la CIDE, Convention Internationale des Droits de l'Enfant. Les principes fondamentaux sont que tous les enfants du monde ont le droit de bénéficier de protections et de garanties, dont une croissance normale à l'abri de la violence et de l'exploitation, une éducation, et un accès à la culture et à l'information. Plus de vingt-cinq ans après l'adoption de ce texte, des progrès incontestables ont été accomplis dans le monde : L'éducation des filles s'est améliorée, la mortalité infantile a été divisée par deux, le nombre d'enfants vivant dans l'extrême pauvreté a reculé.

Néanmoins, les progrès ne concernent pas tout le monde ; même dans des pays développés comme la France, un enfant sur cinq vit encore sous le seuil de pauvreté. Mais c'est en Asie du Sud et en Afrique sub-saharienne que la situation est la pire. Si des efforts importants d'investissement et d'innovation ne sont pas faits, L'Unicef prévoit d'ici 2030 69 millions de décès d'enfants, et l'extrême pauvreté pour 167 millions d'entre eux, la majorité étant dans ces régions L'éducation, qui est stratégique car des adultes éduqués protègent mieux leurs enfants, fait encore défaut. 124 millions d'enfants ne sont pas scolarisés, et des millions d'entre eux quittent l'école sans avoir aquis les savoirs fondamentaux ; et le mariage des filles pauvres dans l'enfance reste un problème majeur.

Sans un effort massif, les **Objectifs de développement durable** dans ce domaine ne seront pas atteints. (242 mots)

■ **Exercice 2 : Essai argumenté** *12 points*

Chers amis, je viens de lire le rapport annuel de l'UNICEF, *La situation des enfants dans le monde 2016*, et je dois vous dire que j'ai été particulièrement touché par les chiffres qui y sont fournis, en particulier ceux qui concernent la mortalité infantile prévisible d'ici 2030, et ceux qui se rapportent à l'éducation. Comme vous le savez, la mortalité infantile est liée au niveau d'instruction des parents, en particulier de la mère : un enfant élevé par une mère analphabète a trois fois plus de chances de décéder avant cinq ans qu'un enfant dont la mère a fait des études secondaires. Or l'UNICEF prévoit encore que 750 millions de filles seront mariées dans l'enfance d'ici 2030, l'immense majorité étant des fillettes pauvres. Pauvreté ou mariage, elles n'iront pas à l'école. Il me semble que l'éducation des filles est un secteur stratégique, et c'est un secteur dans lequel nous, le Secours Populaire Franais, pouvons agir. Que diriez-vous de monter une opération de financement d'une école pour filles dans une particulièrement défavorisée du point de vue scolaire, et où les filles se marient tôt ? En les scolarisant, nous pourrions peut-être contribuer à leur épargner à la fois la pauvreté future et le mariage précoce. Je propose d'associer les enfants de Copain du Monde à cette opération, par exemple en organisant un marathon pour receuillir des fonds, ou en leur faisant vendre des cartes de vœux. Nous pourrions également lancer une campagne de courriers ou d'emails à nos donateurs. Qu'en pensez-vous ? J'attends votre retour par email ou à notre prochaine réunion.

Bien à vous tous,

X.

Corrigé Partie 4

PRODUCTION ORALE

25 points

Thème de l'exposé : Vers une guerre mondiale de l'eau ?

Introduction : On pense plus souvent à la « guerre pour le pétrole » qu'à la « guerre pour l'eau », tout le monde étant bien conscient que les ressources de carburants fossiles sont limitées. Or le développement des énergies renouvelables pourrait bien mettre fin aux guerres du pétrole au 21ème siècle. **Mais comment éviter la guerre de l'eau ?** En effet, l'eau douce sur notre planète risque elle aussi de venir à manquer à moyen terme. Je vais vous parler d'abord de la maîtrise historique de l'eau, puis de la situation actuelle dans le monde, enfin des perspectives et des solutions possibles.

Développement : Depuis toujours, la maîtrise de l'eau est allée de pair avec des civilisations puissantes ; en Egypte ancienne, en Chine de tout temps, de puissants empires se sont élevés lorsque leurs leaders savaient dominer la ressource. L'Ouest américain, même dans ses parties désertiques, est devenu depuis le début du 20ème siècle, le jardin et le potager des USA grâce à une fantastique entreprise de domestication de l'eau fluviale.

L'humanité s'est développée autour des fleuves, et aujourd'hui encore 40 % de la population mondiale vit dans des bassins fluviaux. Le problème, c'est qu'aujourd'hui nous avons si bien réussi notre développement comme espèce que nous sommes 7,4 milliards d'habitants sur la planète, ce qui pose à terme le problème des ressources en eau douce, qui ne sont pas illimitées. C'est d'une part un problème purement démographique à terme (nous serons 8,5 milliards en 2030) d'autre part un problème de mauvaise utilisation de l'eau.

En effet, aujourd'hui, pour nourrir cette énorme population mondiale, l'agriculture mobilise la majorité de la ressource (70%). Or les techniques d'irrigation actuelles entraînent un gaspillage ahurissant : seuls 55% de l'eau utilisée atteignent leur but, le reste est perdu. Par ailleurs, le développement entraine des effets pervers, car plus un pays se développe, plus ses habitants utilisent et gaspillent l'eau. Les européens à l'heure actuelle utilisent 8 fois plus d'eau que leurs grands-parents. C'est ce qui peut expliquer aussi que l'augmentation de la consommation d'eau est proportionnellement supérieure à l'accroissement de la population mondiale depuis les années 50.

A ceci s'ajoutent des phénomènes liés à l'activité humaine : pollution industrielle et domestique, et réchauffement climatique menacent encore davantage les ressources, en particulier dans les pays en voie de développement.

Cinq cents millions de personnes vivent déjà dans des pays qui font face à un déficit en eau. On prévoit que, en 2050, 1,8 milliard d'êtres humains vivront dans des régions privées totalement d'eau et quelque 5 autres milliards dans des pays où il sera difficile de répondre à tous les besoins.

Ceci implique deux risques corrélés : d'une part, celui de « guerres de l'eau » entre pays partageant le même bassin fluvial. Il y a déjà eu par le passé, et il y a encore nombre de tensions au sujet de l'eau entre pays voisins, par exemple autour du Nil, du Tigre et de l'Euphrate au Moyen-Orient, et du fleuve Colorado dont les Américains utilisent jusqu'à la dernière goutte au détriment des Mexicains. Il est facile pour le pays en amont de couper la ressource à ceux qui sont en aval. Ceci est la recette pour de terribles conflits à l'avenir.

L'autre risque est celui des inégalités entraînant un déséquilibre intenable entre populations favorisées et défavorisées, avec à la clé une crise sociale d'ampleur mondiale, par exemple sous forme d'exode massif de populations privées d'eau. L'histoire a en effet montré que les crises sociales suivent souvent les sécheresses ou la mauvaise gestion de l'eau. Dans ce cas nous aurions affaire à une crise sociale mondiale gravissime.

Est-ce inévitable ? Non, Car l'histoire a également montré que les humains savent s'adapter en cas de crise de l'eau, d'une part en coopérant (comme l'Inde et le Pakistan) d'autre part en faisant preuve d'ingéniosité et en économisant. Au cours des millénaires, par exemple, les chinois ont su se mobiliser par millions pour surmonter à la fois les crues catastrophiques et les pénuries. Et l'exemple de l'Ouest américain montre que moins il y a d'eau, moins on en consomme, plus on trouve des moyens ingénieux de l'épargner.

La solution passera par un énorme effort collectif mondial, comme pour le changement climatique : Aide accrue des pays riches aux pays pauvres en difficulté avec l'eau, développement coopératif de technologies et techniques d'irrigation permettant d'éviter le phénoménal gaspillage, transformation de la distribution d'eau qui est source de gaspillage aussi, nouvelle politique de prix équitable mais dissuasive pour éviter le gaspillage par les particuliers, par exemple. Mais il faudra aussi songer à desmoyens de limiter la croissance démographique.

Conclusion : Dans *Le livre de la jungle* de Rudyard Kipling, les animaux concluent une « trêve de l'eau » lors d'une sécheresse, et plus aucun animal n'a le droit de tuer un autre animal, afin que chacun puisse venir boire à la rivière amoindrie. Je pense que nous assisterons à quelque chose d'analogue et que le stress immense portant sur une resssource aussi fondamentale pour la vie que « l'or bleu » amènera nécessairement une collaboration planétaire. Nous pouvons avoir assez d'eau de qualité pour tous, si nous le voulons.

Nomenclature des documents par test

(voir références plus précises sur les sujets)

TEST 1 :

Audio :

Document long : Débat avec Thomas Picketty sur son livre, Europe 1

Document court 1 : Attaques sur Internet

document court 2 : Exposition Chtchoukine

Ecrit :

Voter plus n'est pas voter mieux, Le Monde Diplomatique

synthèse et essai :

Francophonie, sommet de Madagascar

Oral :

Le Bien-Etre Animal (BEA)

TEST 2 :

Audio

Document long : interview de Nicolas Hulot sur la COP 22

Document court 1 : inégalités hommes/femmes, Elisabeth Badinter

document court 2 : L' extrême pauvreté

Ecrit :

Texte de compréhension : Extrait de *Race et histoire*, Claude Lévi-Strauss

synthèse et essai :

étudiants étrangers en France

oral :

La parité hommes-femmes

TEST 3 :

Audio :

Document long : Entretien avec Patrick Buisson, France Culture

Document court 1 : Le Face-kini en Chine

Document court 2 : interview de M. Pokora

Compréhension écrite

L'Histoire à l'envers , Le Monde Diplomatique

Synthèse et essai :

Les ebooks

Expression orale :

Réseaux sociaux et jeunes

TEST 4 :

Audio :

Document long : Il était une fois Michel Onfray, Michel Onfray TV

Document court 1 : Les émissions politiques ne font plus recette

Document court 2 : interview de Mathieu Mabin

Compréhension écrite

Hortense Archambault, directrice de la MC93, Le Point Afrique

Synthèse et essai :

La pollution de l'air

Expression orale :

dopage des étudiants

TEST 5 :

Audio :

Document long : Bulledop, « booktubeuse » de 25 ans, France Culture

Document court 1 : Youssou Ndour sur Gorée
Document court 2 : L'esprit de fraternité, Christiane Taubira

Compréhension écrite

De l'art d'ignorer le peuple, Le Monde Diplomatique

Expression écrite :

Handicap et travail

Expression orale :

Le tourisme spatial

TEST 6 :

Audio :

Document long : interview de Frédéric Lordon pour son livre, France Culture

Document court 1 : Enseignante à Grigny

Document court 2 : Fonctionnaires Canadiens

Compréhension écrite

Edgar Morin : *Les deux humanismes*

Synthèse et essai :

Les droits de l'enfant

Expression orale :

La guerre de l'eau

LIEN DE TELECHARGEMENT GRATUIT DES DOCUMENTS AUDIO MP3 :

http://audiotestsdalfc1.weebly.com

En cas de problème pour le téléchargement ou pour toute question, vous pouvez utiliser le formulaire de contact du site ou envoyer un mail à : lafeeprepa17@outlook.fr

Made in the USA
Middletown, DE
18 November 2018